ТРОПИЧЕСКО БЛАЖЕНСТВО: НАЙ-ДОБРИТЕ РЕЦЕПТИ, ВДЪХНОВЕНИ ОТ ПИНЯ КОЛАДА

Насладете се на сладките и освежаващи вкусове на тропиците във вашата кухня

Блага Шкембова

ТАБЛИЦА НА СЪДЪРЖАНИЕ

ВЪВЕДЕНИЕ

Добре дошли в „Тропическо блаженство: колекция от рецепти, вдъхновени от Пиня Колада". Тази готварска книга е посветена на всички, които обичат сладките и освежаващи вкусове на тропиците. В тази книга ще намерите разнообразие от рецепти, вдъхновени от класическия коктейл Пиня колада. От смутита до сладкиши, всяка рецепта е създадена, за да донесе тропически рай във вашата кухня.

В тази готварска книга сме включили и някои забавни факти и съвети за историята на Piña colada, използваните съставки и как да направите перфектната напитка. Надяваме се, че тази готварска книга ще ви вдъхнови да експериментирате с нови вкусове и да създадете своя тропически рай.

КЛАСИКА

1. ## Класическа Пина Колада

СЪСТАВ:

- 2 унции лек ром
- 2 унции сок от ананас
- 2 унции кокосов крем
- 1 чаша натрошен лед
- Резен ананас и череша мараскино за гарнитура

ИНСТРУКЦИИ:

a) Добавете рома, сока от ананас, кокосовия крем и натрошения лед в блендер.

b) Блендирайте до гладка смес.

c) Изсипете в чаша и гарнирайте с резен ананас и череша мараскино.

2.   <u>Virgin Piña Colada</u>

СЪСТАВ:

- 2 унции сок от ананас
- 2 унции кокосов крем
- 1 чаша натрошен лед
- Резен ананас и череша мараскино за гарнитура

ИНСТРУКЦИИ:

a) Добавете сока от ананас, кокосовия крем и натрошения лед в блендер.

b) Блендирайте до гладка смес.

c) Изсипете в чаша и гарнирайте с резен ананас и череша мараскино.

3. Пиня колада с джинджифил

СЪСТАВ:

- 2 чаши замразен ананас
- 1 лайм обелен и нарязан
- 1/2-инчово парче джинджифил, тънко нарязано

ИНСТРУКЦИИ:

a) Смесете с 1/2 до 1 чаша течност.
b) Наслади се

4.   <u>Колада от грозде</u>

СЪСТАВ:

- 7 унции червено грозде без семки
- 2 супени лъжици мед
- 16 унции подсладен кокосов крем
- 1 чаена лъжичка смлян кимион
- няколко капки вода от портокалов цвят
- $3\frac{1}{2}$ унции кубчета лед

ИНСТРУКЦИИ:

a)   Смесете гроздето с мед, кокосова сметана, кимион, вода от портокалов цвят и лед, докато стане гладка.

b)   Сервирайте и гарнирайте с допълнителни половинки грозде.

5.   Пиня Колада в тайландски стил

СЪСТАВ:

- Неподсладено кокосово мляко: 1 консерва
- Сок от ананас: 1 чаша
- Лек ром: 4 унции
- Захар: ½ чаша
- Кубчета лед: 4 чаши

ИНСТРУКЦИИ:

a) В съд на блендер смесете кокосовото мляко, рома, захарта и сока от ананас.

b) Блендирайте на висока степен, докато стане напълно гладка.

c) Добавете лед и разбъркайте, докато се получи гъста консистенция.

d) Налейте в чашите. Сервирайте веднага.

6.   Тиквена колада Малибу

СЪСТАВ:
- Ледени кубчета
- 50 мл Малибу
- 50 мл кокосова сметана
- 10 мл сок от лайм
- 10 мл тиквено пюре или сок
- 75 мл сок от ананас

ИНСТРУКЦИИ:
a) Напълнете шейкър с кубчета лед.
b) Добавете Малибу, кокосов крем, сок от лайм, пюре или сок от тиква и сок от ананас.
c) Разклатете и прецедете в охладена чаша, пълна с кубчета лед.

7.   Пина Колада Мартини

СЪСТАВ:

- 2 унции кокосов ром
- 1 унция сок от ананас
- 1 унция крем от кокос
- 1/2 унция сок от лайм
- Резен ананас и туист лайм за гарнитура

ИНСТРУКЦИИ:

a) Добавете кокосовия ром, сока от ананас, крема от кокос и сока от лайм в шейкър с лед.

b) Разклатете, докато се охлади.

c) Прецедете в чаша за мартини.

d) Украсете с резен ананас и лайм.

8. <u>Моктейл Пина Колада</u>

СЪСТАВ:

- 2 унции сок от ананас
- 2 унции кокосов крем
- 1 унция сок от лайм
- 1/2 унция обикновен сироп
- Газирана вода
- Резен ананас и листенца мента за украса

ИНСТРУКЦИИ:

a) Добавете сока от ананас, кокосовата сметана, сока от лайм и обикновения сироп в шейкър с лед.

b) Разклатете, докато се охлади.

c) Прецедете в чаша, пълна с лед.

d) Напълнете с клубна сода.

e) Гарнирайте с резен ананас и листенца мента.

ЗАКУСКА

9. ## Палачинки пина колада

СЪСТАВ:

- 1 чаша брашно от спелта
- $\frac{1}{2}$ чаена лъжичка бакпулвер
- $\frac{1}{2}$ чаена лъжичка сода за хляб
- $\frac{3}{4}$ чаша обикновено гръцко кисело мляко
- $\frac{1}{2}$ чаша + 2 супени лъжици консервирано пълномаслено кокосово мляко
- 1 голямо яйце
- 2 супени лъжици кленов сироп
- 1 чаена лъжичка ванилов екстракт
- $\frac{1}{2}$ чаша ситно нарязан ананас

ИНСТРУКЦИИ:

a) Добавете брашното, бакпулвера и содата за хляб в купа и разбийте, за да се комбинират.

b) В друга купа разбийте заедно киселото мляко, кокосовото мляко, яйцето, кленовия сироп и ванилията, докато се смесят напълно.

c) Добавете мокрите съставки към сухите съставки и разбийте заедно, докато се комбинират напълно.

d) След като всичко се смеси, добавете ананаса.

e) Оставете тестото да почине за 2 до 3 минути. Това позволява на всички съставки да се съберат и придава на тестото по-добра консистенция.

f) Напръскайте незалепващ тиган или решетка обилно с растително масло и загрейте на среден огън.

g) След като тиганът е горещ, добавете тестото с помощта на мерителна чаша с $\frac{1}{4}$ чаша и изсипете тестото в тигана, за да направите палачинката. Използвайте мерителната чашка, за да оформите палачинката.

h) Гответе, докато страните изглеждат стегнати и се образуват мехурчета в средата (около 2 до 3 минути), след което обърнете палачинката.

i) След като палачинката се изпече от тази страна, отстранете палачинката от котлона и я поставете в чиния.

j) Продължете тези стъпки с останалата част от тестото.

10. <u>Пиня колада овесени ядки за една нощ</u>

СЪСТАВ:

- 1/2 чаша валцувани овесени ядки
- 1/2 чаша кокосово мляко
- 1/2 чаша сок от ананас
- 1/4 чаша настърган кокос
- 1 супена лъжица мед
- 1/2 чаена лъжичка ванилов екстракт
- Топинги: нарязан ананас, настърган кокос

ИНСТРУКЦИИ:

a) В купа смесете овесените ядки, кокосовото мляко, сока от ананас, настъргания кокос, меда и екстракта от ванилия.

b) Разбъркайте добре и покрийте купата с найлоново фолио.

c) Охладете овесените ядки за една нощ.

d) На сутринта поръсете отгоре нарязан ананас и настърган кокос.

11.   <u>Пиня колада френски тост</u>

СЪСТАВ:

- 4 филийки хляб
- 2 яйца
- 1/4 чаша кокосово мляко
- 1/4 чаша сок от ананас
- 1/4 чаена лъжичка ванилов екстракт
- 1/4 чаена лъжичка смляна канела
- 1/4 чаша настърган кокос
- Масло или олио за пържене

ИНСТРУКЦИИ:

a) В плитък съд разбийте заедно яйцата, кокосовото мляко, сока от ананас, ваниловия екстракт и канелата.

b) Потопете всяка филия хляб в яйчената смес, като внимавате да покриете и двете страни.

c) Загрейте тиган на среден огън и добавете супена лъжица масло или олио.

d) Добавете филийките хляб в тигана и гответе за 2-3 минути от всяка страна, докато станат златисто кафяви.

e) Поръсете настърган кокос върху френския тост и сервирайте със сироп.

12.   <u>Пиня колада мъфини</u>

СЪСТАВ:

- 2 чаши универсално брашно
- 1/2 чаша захар
- 1 супена лъжица бакпулвер
- 1/4 чаена лъжичка сол
- 1/2 чаша кокосово мляко
- 1/2 чаша сок от ананас
- 1/4 чаша растително масло
- 1 яйце
- 1 чаша нарязан на кубчета ананас
- 1/2 чаша настърган кокос

ИНСТРУКЦИИ:

a) Загрейте фурната до 375°F (190°C) и покрийте форма за мъфини с хартиени подложки.

b) В купа смесете брашното, захарта, бакпулвера и солта.

c) В друга купа разбийте заедно кокосовото мляко, сока от ананас, растителното масло и яйцето.

d) Изсипете мокрите съставки в сухите съставки и разбъркайте, докато се комбинират.

e) Разбъркайте нарязания на кубчета ананас и настърган кокос.

f) Изсипете тестото в подготвената форма за мъфини, като напълнете всяка чаша около 2/3.

g) Печете 20-25 минути, докато клечка за зъби, забодена в центъра на мъфина, излезе чиста.

h) Оставете мъфините да се охладят във формата за 5 минути, преди да ги прехвърлите върху решетка, за да изстинат напълно.

13.   <u>Пиня Колада Гранола</u>

СЪСТАВ:

- 3 чаши валцувани овесени ядки
- 1/2 чаша настърган кокос
- 1/2 чаша нарязани бадеми
- 1/4 чаша мед
- 1/4 чаша кокосово масло
- 1/4 чаша сок от ананас
- 1 чаена лъжичка ванилов екстракт
- 1/2 чаша сушен ананас

ИНСТРУКЦИИ:

a) Загрейте фурната до 325°F (160°C) и покрийте лист за печене с хартия за печене.

b) В купа смесете валцуваните овесени ядки, настъргания кокос и нарязаните бадеми.

c) В друга купа разбийте заедно меда, кокосовото масло, сока от ананас и ваниловия екстракт.

d) Изсипете мокрите съставки върху сухите съставки и разбъркайте, докато се покрият добре.

e) Разпределете сместа върху подготвения лист за печене и печете 20-25 минути, като разбърквате от време на време, до златисто кафяво.

f) Оставете гранолата да се охлади върху тавата за печене за 10 минути, преди да разбъркате сухия ананас.

g) Съхранявайте гранолата в херметически затворен съд.

СЪСТАВ:

- 1/4 чаша семена от чиа
- 1 чаша кокосово мляко
- 1/4 чаша сок от ананас
- 1 супена лъжица мед
- 1/4 чаена лъжичка ванилов екстракт
- Топинги: нарязан ананас, настърган кокос

ИНСТРУКЦИИ:

a) В купа разбийте заедно семената от чиа, кокосовото мляко, сока от ананас, меда и ваниловия екстракт.

b) Покрийте купата с найлоново фолио и оставете в хладилник за поне 2 часа или за една нощ.

c) За сервиране поръсете отгоре нарязан ананас и настърган кокос.

15.   <u>Парфе за закуска Пиня Колада</u>

СЪСТАВ:

- 1/2 чаша гръцко кисело мляко
- 1/2 чаша нарязан на кубчета ананас
- 1/4 чаша настърган кокос
- 2 супени лъжици мед
- 2 супени лъжици сок от ананас
- Гранола за заливка

ИНСТРУКЦИИ:

a) В купа смесете гръцкото кисело мляко, нарязания на кубчета ананас, настърган кокос, меда и сока от ананас.

b) Сложете сместа в чаша за сервиране, като редувате слоевете гранола.

c) Отгоре поставете допълнително нарязан на кубчета ананас и настърган кокос.

16.   <u>Пиня Колада Бурито за закуска</u>

СЪСТАВ:

- 4 големи брашнени тортили
- 6 яйца, бъркани
- 1/2 чаша парчета ананас
- 1/2 чаша настърган кокос
- 1/4 чаша нарязан кориандър
- Сол и черен пипер на вкус

ИНСТРУКЦИИ:

a) Загрейте голям тиган на среден огън.

b) Добавете бърканите яйца и гответе докато стегнат.

c) Добавете парчетата ананас, настъргания кокос, кориандъра, сол и черен пипер в тигана и разбъркайте, докато се смесят добре.

d) Загрейте брашнените тортили в микровълнова фурна или на тиган.

e) Разпределете яйчената смес между тортилите и ги увийте в бурито.

f) Сервирайте веднага.

Запеканка за закуска Piña Colada

СЪСТАВ:

- 6 големи кроасана, накъсани на малки парчета
- 1 кутия кокосово мляко
- 1/2 чаша сок от ананас
- 1/2 чаша настърган кокос
- 1/2 чаша парчета ананас
- 4 яйца
- 1/4 чаша кафява захар
- 1 чаена лъжичка екстракт от ванилия
- 1/2 чаена лъжичка канела

ИНСТРУКЦИИ:

a) Загрейте фурната до 350°F.

b) В голяма купа разбийте заедно кокосовото мляко, сока от ананас, яйцата, кафявата захар, екстракта от ванилия и канелата.

c) Добавете парчетата кроасан в купата и разбъркайте, докато се покрият в сместа.

d) Изсипете сместа за кроасани в намазнена форма за печене.

e) Поръсете настъргания кокос и парченца ананас върху сместа за кроасани.

f) Печете 35-40 минути, докато горната част стане златисто кафява и гювечът се изпече.

g) Сервирайте горещ.

18.   Хляб в буркани Пиня колада

СЪСТАВ:

- 1 консерва ананас; (20 унции) натрошен
- 1 чаша маргарин; при стайна температура
- $3\frac{1}{2}$ чаши кафява захар; опаковани
- 4 белтъка; разбити
- $\frac{1}{2}$ чаша ром
- 3⅓ чаша неизбелено брашно
- $1\frac{1}{2}$ чаена лъжичка бакпулвер
- 1 чаена лъжичка сода бикарбонат
- 1 чаша кокос; настърган

ИНСТРУКЦИИ:

a) Загрейте фурната до 325. Преди да започнете тестото, измийте 8 (1 пинта) консервни буркана с широко гърло и капаци в гореща сапунена вода и оставете да се отцедят, изсушат и охладят до стайна температура.

b) Подгответе щедро буркани със спрей за готвене и брашно.

c) Отцедете ананаса за 10 минути, като запазите сока. Пюрирайте отцедения ананас в блендер. Измерете $1\frac{1}{2}$ чаши пюре, като добавите малко сок, ако е необходимо, за да направите $1\frac{1}{2}$ чаши. Оставете пюрето настрана. Изхвърлете останалия сок.

d) В купа за смесване смесете ябълковото пюре, половин кафява захар, докато стане светло и пухкаво. Разбийте белтъците и пюрето от ананас. Заделени. В друга купа за смесване смесете брашно, бакпулвер и сода за хляб. Постепенно добавете към ананасовата смес на трети, като разбивате добре при всяко добавяне. Разбъркайте кокоса.

e) Сложете с лъжица 1 пълна чаша тесто във всеки буркан. Внимателно избършете джантите, след което поставете бурканите върху лист за печене (или те ще се обърнат) в центъра на фурната. Пече се 40 минути. Дръжте капаците в гореща вода, докато се използват.

f) Когато тортите са готови, извадете бурканите, които са ГОРЕЩИ от фурната един по един. Ако джантите се нуждаят от почистване, използвайте навлажнена хартиена кърпа. Внимателно поставете капаците и пръстените на място, след което ги завийте плътно. Поставете бурканите върху решетка; те ще се запечатат, докато изстинат.

g) След като бурканите се охладят, ги украсете с кръгли парчета плат и след това ги залепете върху цветя, панделки и др. върху капака, пръстена и страната на буркана. Развийте пръстена (капакът вече трябва да е запечатан) и поставете няколко памучни топки върху капака, след това парче плат отгоре и завийте пръстена обратно.

h) Декорирайте по желание.

19.   Тропически омлет

СЪСТАВ:

- 3 яйца
- 2 супени лъжици кокосово мляко
- ¼ чаша нарязан на кубчета ананас
- ¼ чаша нарязани на кубчета чушки
- ¼ чаша нарязан на кубчета червен лук
- ¼ чаша настъргано сирене (чедър или моцарела)
- 1 супена лъжица нарязан пресен кориандър
- Сол и черен пипер на вкус
- Масло или олио за готвене

ИНСТРУКЦИИ:

a) В купа разбийте заедно яйцата, кокосовото мляко, солта и черния пипер.

b) Загрейте незалепващ тиган на среден огън и добавете малко масло или олио, за да покриете повърхността.

c) Изсипете яйчената смес в тигана и оставете да се готви за минута, докато краищата започнат да стегнат.

d) Поръсете нарязания на кубчета ананас, чушките, червения лук, натрошеното сирене и нарязания кориандър върху половината от омлета.

e) С шпатула прегънете другата половина от омлета върху плънката.

f) Гответе още минута или докато сиренето се разтопи и омлетът се сготви.

g) Плъзнете омлета върху чиния и сервирайте горещ.

h) Насладете се на тропическите вкусове на вкусния омлет!

Златни вафли с тропически плодове

СЪСТАВ:
МАСЛО ОТ ФУРМИ
- 1 пръчка несолено масло, стайна температура
- 1 чаша едро нарязани фурми без костилки

ВАФЛИ
- 1 ½ чаши универсално брашно
- 1 чаша едро смляно брашно от грис
- ¼ чаша гранулирана захар
- 2 ½ чаени лъжички бакпулвер
- ½ чаена лъжичка сода за хляб
- ¾ чаена лъжичка едра сол
- 1 ¾ чаши пълномаслено мляко, стайна температура
- ⅓ чаша заквасена сметана, стайна температура
- 1 пръчка несолено масло, разтопено
- 2 големи яйца, стайна температура
- 1 чаена лъжичка чист екстракт от ванилия
- Спрей за готвене с растително масло
- Нарязани киви и цитрусови плодове, нарязан шамфъстък и чист кленов сироп за сервиране

ИНСТРУКЦИИ:
МАСЛО ОТ ФУРМИ:
a) Разбийте пулсовото масло и фурмите в кухненски робот, като изстържете отстрани няколко пъти, докато стане гладко и смесено. Маслото от фурми може да се направи до една седмица напред и да се съхранява в хладилник; доведете до стайна температура преди употреба.

ВАФЛИ:
b) Разбийте заедно брашно, захар, бакпулвер, сода за хляб и сол в голяма купа. В отделна купа разбийте

млякото, заквасената сметана, маслото, яйцата и ванилията.

c) Разбийте млечната смес в сместа от брашно, за да се комбинират.

d) Загрейте предварително гофретника. Намажете с тънък слой спрей за готвене. Изсипете 1 ¼ чаши тесто на вафла в центъра на ютията, оставяйки го да се разтече почти до краищата.

e) Затворете капака и гответе до златисто кафяво и хрупкаво, 6 до 7 минути.

f) Извадете от ютията и бързо разбъркайте между ръцете си няколко пъти, за да освободите пара и да запазите свежестта, след което прехвърлете върху решетка, поставена в тава за печене с ръбове; дръжте на топло в загрята на 225 градуса фурна до готовност за сервиране.

g) Повторете покриването на ютията с повече спрей за готвене между партидите.

Сервирайте с масло от фурми, плодове, шамфъстък и сироп.

21. <u>Крепове от тропически плодове</u>

СЪСТАВ:

- 4 унции обикновено брашно, пресято
- 1 щипка сол
- 1 чаена лъжичка пудра захар
- 1 яйце плюс един жълтък
- $\frac{1}{2}$ халба мляко
- 2 супени лъжици разтопено масло
- 4 унции захар
- 2 супени лъжици ракия или ром
- $2\frac{1}{2}$ чаши микс от тропически плодове

ИНСТРУКЦИИ:

a) За да направите тестото за креп, поставете брашното, солта и пудрата захар в купа и разбъркайте.

b) Разбийте постепенно яйцата, млякото и маслото. Оставете да престои поне 2 часа.

c) Загрейте леко намазнен тиган, разбъркайте тестото и го използвайте, за да направите 8 палачинки. Поддържай топло.

d) За да направите пълнежа, поставете микса от тропически плодове в тенджера със захарта и загрейте леко, докато захарта се разтвори.

e) Оставете да заври и загрейте, докато захарта се карамелизира. Добавете брендито.

f) Напълнете всеки палачин с плодовете и сервирайте веднага със сметана или крем фреш.

Тропически кокосов пудинг

СЪСТАВ:

- $\frac{3}{4}$ чаша старомоден овес без глутен
- $\frac{1}{2}$ чаша неподсладен настърган кокос
- 2 чаши вода
- $1\frac{1}{4}$ чаши кокосово мляко
- $\frac{1}{2}$ чаена лъжичка смляна канела
- 1 банан, нарязан

ИНСТРУКЦИИ:

a) С помощта на купа смесете овесените ядки, кокоса и водата. Покрийте и охладете за една нощ.

b) Прехвърлете сместа в малка тенджера.

c) Добавете млякото и канелата и оставете да къкри за около 12 минути на умерен огън.

d) Свалете от огъня и оставете да престои 5 минути.

e) Разпределете в 2 купи и наредете отгоре резените банан.

23.   <u>Tropical Acai Bowl</u>

СЪСТАВ:

- 2 замразени опаковки асай
- 1 узрял банан
- ½ чаша замразени смесени горски плодове
- ½ чаша кокосова вода или бадемово мляко
- Топинги: резени банан, киви, горски плодове, мюсли, кокосови стърготини

ИНСТРУКЦИИ:

a) В блендер смесете замразените опаковки асай, зрелите банани, смесените замразени горски плодове и кокосовата вода или бадемовото мляко, докато сместа стане гладка и гъста.

b) Изсипете сместа от асаи в купа.

c) Отгоре поставете нарязан банан, киви, горски плодове, гранола и кокосови стърготини.

d) Подредете топингите по желание върху сместа от асаи.

e) Сервирайте веднага и се насладете на освежаващата и питателна тропическа купа с акай!

Кокосов бананов хляб

СЪСТАВ:

- 2 зрели банана, пасирани
- ½ чаша кокосово мляко
- ¼ чаша разтопено кокосово масло
- ¼ чаша мед или кленов сироп
- 1 чаена лъжичка ванилов екстракт
- 1 ¾ чаши универсално брашно
- 1 чаена лъжичка бакпулвер
- ½ чаена лъжичка сода за хляб
- ¼ чаена лъжичка сол
- ¼ чаша настърган кокос
- По желание: ½ чаша нарязани тропически ядки

ИНСТРУКЦИИ:

a) Загрейте фурната до 350°F (175°C) и намаслете тава за хляб.

b) В голяма купа смесете пюрираните банани, кокосовото мляко, разтопеното кокосово масло, меда или кленовия сироп и екстракта от ванилия. Смесете добре.

c) В отделна купа смесете заедно брашното, бакпулвера, содата и солта.

d) Постепенно добавете сухите съставки към мокрите съставки, като разбърквате, докато се комбинират.

e) Сложете настъргания кокос и нарязаните ядки (ако използвате).

f) Изсипете тестото в подготвената форма за хляб и го разпределете равномерно.

g) Печете 45-55 минути или докато клечка за зъби, поставена в центъра, излезе чиста.

h) Извадете от фурната и оставете кокосовия бананов хляб да се охлади в тигана за няколко минути.

i) Прехвърлете хляба върху решетка, за да се охлади напълно.

j) Нарежете и поднесете вкусния тропически кокосов бананов хляб.

25.   Такос за тропическа закуска

СЪСТАВ:

- 4 малки царевични тортили
- 4 яйца, бъркани
- $\frac{1}{2}$ чаша нарязан на кубчета ананас
- $\frac{1}{4}$ чаша нарязан на кубчета червен пипер
- $\frac{1}{4}$ чаша нарязан на кубчета червен лук
- $\frac{1}{4}$ чаша нарязан пресен кориандър
- Сок от 1 лайм
- Сол и черен пипер на вкус
- Добавки по желание: авокадо на резени, салса, лют сос

ИНСТРУКЦИИ:

a) В купа смесете нарязания на кубчета ананас, червения пипер, червения лук, кориандъра, сока от лайм, сол и черен пипер. Смесете добре.

b) Загрейте царевичните тортили в тиган или микровълнова печка.

c) Напълнете всяка тортила с бъркани яйца и отгоре намажете със салсата от тропически ананас.

d) Добавете незадължителни гарнитури като нарязано авокадо, салса или лют сос.

e) Сервирайте вкусната тропическа тако закуска.

26.   Тост с тропическо авокадо

СЪСТАВ:

- 2 филийки пълнозърнест хляб, препечен
- 1 зряло авокадо, обелено и без костилки
- Сок от $\frac{1}{2}$ лайм
- $\frac{1}{4}$ чаша нарязан на кубчета ананас
- $\frac{1}{4}$ чаша нарязано на кубчета манго
- 1 супена лъжица нарязан пресен кориандър
- Сол и черен пипер на вкус
- Гарнитури по избор: нарязани репички, микрозеленчуци или сирене фета

ИНСТРУКЦИИ:

a) В купа намачкайте узрялото авокадо с вилица.

b) Добавете сока от лайм, нарязания на кубчета ананас, нарязаното на кубчета манго, нарязан кориандър, сол и черен пипер.

c) Разбъркайте добре, докато се смесят всички съставки.

d) Разпределете сместа от авокадо равномерно върху препечените филийки хляб.

e) Отгоре поставете незадължителни гарнитури, ако желаете, като нарязани репички, микрозеленчуци или натрошено сирене фета.

f) Сервирайте тоста с тропическо авокадо като вкусна и засищаща закуска или лека храна.

g) Насладете се на кремообразното авокадо, съчетано със сладките и пикантни тропически плодове!

ЗАКУСКИ

Кора от пиня колада

СЪСТАВ:

- 24 унции бадемова кора
- 1/2 чаша ситно нарязан сушен ананас плюс още за гарнитура
- 1/4 чаша препечен кокос плюс още за гарнитура
- 1/2 чаша разтопен жълт бонбон се топи

ИНСТРУКЦИИ:

a) Разтопете бадемовата кора, както е указано на опаковката. Смесете ананаса и кокоса.

b) Изсипете в тава с размери 9"x13", която е покрита с фолио.

c) Разтопете топените бонбони и добавете малки топчета върху цялата бяла смес. С помощта на клечка за зъби завъртете жълтото в бялото.

d) Поръсете върху гарнитурите и покрийте с найлоново фолио. Оставете да стегне за около 4 часа.

e) Начупете на парчета и се насладете!

28

Енергийни топки Piña Colada

СЪСТАВ:

- 1 чаша фурми Medjool без костилки
- 1 чаша неподсладен настърган кокос
- 1/2 чаша кашу
- 1/4 чаша парчета ананас
- 1/4 чаша сок от ананас
- 1/2 чаена лъжичка ванилов екстракт
- Щипка сол

ИНСТРУКЦИИ:

a) В кухненски робот разбийте фурмите, настъргания кокос, кашуто, парченцата ананас, сока от ананас, екстракта от ванилия и солта, докато се образува лепкаво тесто.

b) Разточете тестото на малки топки.

c) Съхранявайте енергийните топки в хладилника до 1 седмица.

Пиня Колада Гранола Барове

СЪСТАВ:

- 2 чаши валцувани овесени ядки
- 1/2 чаша неподсладен настърган кокос
- 1/4 чаша кашу
- 1/4 чаша бадеми
- 1/4 чаша мед
- 1/4 чаша кокосово масло
- 1/4 чаша сок от ананас
- 1/4 чаша парчета ананас
- 1 чаена лъжичка екстракт от ванилия

ИНСТРУКЦИИ:

a) Загрейте фурната до 350°F.

b) Постелете форма за печене с хартия за печене.

c) В голяма купа смесете валцуваните овесени ядки, настъргания кокос, кашуто и бадемите.

d) В отделна купа разбийте заедно меда, кокосовото масло, сока от ананас, парченцата ананас и екстракта от ванилия.

e) Изсипете мокрите съставки върху сухите съставки и разбъркайте, докато се смесят добре.

f) Изсипете сместа в подготвената тава за печене и натиснете силно.

g) Печете 20-25 минути, до златисто кафяво.

h) Оставете блокчетата гранола да се охладят, преди да ги нарежете на квадратчета.

СЪСТАВ:

- 6 чаши зърнени храни Rice Krispie
- 1/4 чаша несолено масло
- 1/4 чаша мед
- 1/4 чаша неподсладен настърган кокос
- 1/4 чаша сок от ананас
- 1/4 чаша парчета ананас

ИНСТРУКЦИИ:

a) В голяма тенджера разтопете маслото на слаб огън.

b) Добавете меда, настъргания кокос, сока от ананас и парченцата ананас в тенджерата и разбъркайте, докато се смесят добре.

c) Добавете зърнените храни Rice Krispie в тенджерата и разбъркайте, докато зърнените култури се покрият със сместа.

d) Изсипете сместа в намазнена тава за печене с размери 9х13 инча и натиснете здраво.

e) Оставете сместа да се охлади, преди да я нарежете на квадрати.

31.   <u>Piña Colada Trail Mix</u>

СЪСТАВ:

- 1 чаша печено кашу
- 1 чаша печени бадеми
- 1/2 чаша неподсладен настърган кокос
- 1/2 чаша сушени парчета ананас
- 1/4 чаша бял шоколадов чипс
- 1/4 чаша кокосови стърготини

ИНСТРУКЦИИ:

a) В голяма купа смесете кашуто, бадемите, настъргания кокос, сушените парчета ананас, чипса бял шоколад и кокосовия чипс.

b) Съхранявайте сместа за пътеки в херметически затворен контейнер до 1 седмица.

СЪСТАВ:

- $\frac{3}{4}$ паунда Snapper
- 1 килограм миди; четвъртити
- 1 малка глава червен лук; разполовена, нарязана на тънко
- $\frac{1}{4}$ чаша кориандър; едро нарязани
- 2 чаши манго; на кубчета
- $1\frac{1}{2}$ чаши ананас; на кубчета
- Марината
- 1 чаша сок от лайм; прясно изстискан
- 1 супена лъжица кора от лайм; настърган
- 1 чаша оризов оцет
- $\frac{1}{4}$ чаша захар
- $1\frac{1}{2}$ чаена лъжичка люспи от червен пипер; да опитам
- $1\frac{1}{2}$ чаена лъжичка сол
- 2 супени лъжици семена от кориандър; смачкан

ИНСТРУКЦИИ:

a) Комбинирайте съставките за марината в голяма купа за смесване от стъкло или неръждаема стомана. Разбийте заедно и оставете настрана.

b) Изплакнете рибата и мидите със студена вода и ги подсушете с хартиени кърпи. Добавете мидите към маринатата и охладете. Нарежете рибата на $\frac{1}{2}$" парчета и добавете към маринатата с лука.

c) Внимателно разбъркайте, покрийте и охладете поне 4 часа преди сервиране.

d) Разбърквайте от време на време, за да сте сигурни, че маринатата прониква равномерно в морските дарове. Севичето може да се приготви в този момент до 2 дни предварително. Около 30 минути преди сервиране, разбъркайте кориандъра и плодовете и върнете ястието в хладилника, докато е готово за сервиране.

е) Сервирайте в малки охладени купички или чинии или, за по-празничен вид, чаши за шотове или чаши за коктейли.

Протеинови хапки от тропически лимон

СЪСТАВ:

- 1¾ чаши кашу
- ¼ чаша кокосово брашно
- ¼ чаша неподсладен настърган кокос
- 3 супени лъжици сурово обелено конопено семе
- 3 супени лъжици кленов сироп
- 3 супени лъжици пресен лимонов сок

ИНСТРУКЦИИ:

a) Поставете кашуто в кухненски робот и обработете, докато стане много фино.

b) Добавете останалите съставки и обработете, докато се смесят добре.

c) Изсипете сместа в голяма купа.

d) Вземете бучка от тестото и я изстискайте на топка.

e) Продължете да стискате и работите няколко пъти, докато се оформи топка и стане твърда.

34. Тропическа орехова пица

СЪСТАВ:

- 1 готова кора за пица
- 1 супена лъжица зехтин
- Контейнер от 13,5 унции крема сирене с плодов вкус
- 26-унция буркан с резени манго, отцедени и нарязани
- $\frac{1}{2}$ С. нарязани орехи

ИНСТРУКЦИИ:

a) Изпечете кората за пица във фурната според инструкциите на опаковката.

b) Намажете кората равномерно с олиото.

c) Разпределете крема сиренето върху кората и отгоре поставете нарязаното манго и ядките.

d) Нарежете на желани филийки и сервирайте.

35.   Кабоб с тропически плодове

СЪСТАВ:

- Асорти от тропически плодове (ананас, манго, киви, банан, папая и др.), нарязани на хапки
- Дървени шишчета

ИНСТРУКЦИИ:

a) Нанижете избраните тропически плодове на дървените шишчета в произволна шарка.

b) Повторете с останалите плодове и шишчетата.

c) Сервирайте кабоба с тропически плодове както е или със гарнитура от кисело мляко или мед за потапяне.

d) Насладете се на тези цветни и питателни плодови шишчета!

36.   <u>Пуканки с кокос и лайм</u>

СЪСТАВ:

- ½ чаша пуканки на зърна
- 2 супени лъжици кокосово масло
- Кора и сок от 1 лайм
- 2 супени лъжици настърган кокос
- Сол на вкус

ИНСТРУКЦИИ:

a) Загрейте кокосовото масло в голяма тенджера на среден огън.

b) Добавете зърната пуканки и покрийте съда с капак.

c) Разклащайте тенджерата от време на време, за да не загори.

d) След като пукането се забави, свалете съда от котлона и го оставете да престои за минута, за да сте сигурни, че всички ядки са изскочили.

e) В малка купа смесете кората от лайм, сока от лайм, настърган кокос и сол.

f) Напръскайте кокосовата смес от лайм върху прясно изрязаните пуканки и разбъркайте, за да се покрият равномерно.

g) Насладете се на пикантните и тропически пуканки с кокос и лайм като лека и ароматна закуска!

37.   <u>Гуакамоле с кокос и лайм</u>

СЪСТАВ:

- 2 зрели авокадо
- Сок от 1 лайм
- Кора от 1 лайм
- 2 супени лъжици нарязан пресен кориандър
- 2 супени лъжици нарязан на кубчета червен лук
- 2 супени лъжици настърган кокос
- Сол и черен пипер на вкус

ИНСТРУКЦИИ:

a) В купа намачкайте зрелите авокадо с вилица до кремообразна смес.

b) Добавете сока от лайм, кората от лайм, нарязан кориандър, нарязан на кубчета червен лук, настърган кокос, сол и черен пипер.

c) Разбъркайте добре, за да се комбинират всички съставки.

d) Опитайте и коригирайте подправките по желание.

e) Сервирайте гуакамоле от кокосов лайм с тортила чипс или го използвайте като вкусна гарнитура за тако, сандвичи или салати.

f) Насладете се на кремообразните и пикантни вкусове на този тропически привкус на гуакамолг!

38.   <u>Кокосови скариди</u>

СЪСТАВ:

- 1 килограм скариди, обелени и без жилки
- ½ чаша универсално брашно
- ½ чаша настърган кокос
- 2 яйца, разбити
- Сол и черен пипер на вкус
- Олио за пържене

ИНСТРУКЦИИ:

a) В плитка купа смесете универсалното брашно, настъргания кокос, сол и черен пипер.

b) Потопете всяка скарида в разбитите яйца, оставяйки излишното да се отцеди и след това я намажете с кокосовата смес.

c) Загрейте олио за готвене в дълбок тиган или тенджера на средно висока температура.

d) Запържете покрити с кокос скариди на порции до златисто кафяво и хрупкави, около 2-3 минути от всяка страна.

e) Извадете скаридите от маслото и ги отцедете върху хартиени кърпи.

f) Сервирайте кокосовите скариди като вкусно тропическо предястие или лека закуска със сос за потапяне по ваш избор, като сладък чили сос или манго салса.

g) Насладете се на хрупкавите и ароматни кокосови скариди!

39.   Салса от тропическо манго

СЪСТАВ:

- 4 големи брашнени тортили
- 1 чаша крема сирене
- 1 чаша манго салса
- ½ чаша нарязани листа от маруля или спанак

ИНСТРУКЦИИ:

a) Поставете брашнените тортили върху чиста повърхност.

b) Разстелете слой крема сирене равномерно върху всяка тортила.

c) Сложете с лъжица салсата от манго върху слоя крема сирене, като го разпределите така, че да покрие тортилята.

d) Върху салсата поръсете настъргани листа от маруля или спанак.

e) Навийте стегнато всяка тортила, като започнете от единия край.

f) Нарежете всяка навита тортила на колелца с размер на хапка.

g) Сервирайте салсата от тропическо манго като ароматна и освежаваща закуска или предястие.

h) Насладете се на комбинацията от кремообразни, пикантни и тропически вкусове!

40. Шишчета от ананас на скара

СЪСТАВ:

- 1 ананас, обелен, почистен от сърцевината и нарязан на кубчета
- 2 супени лъжици мед или кленов сироп
- 1 чаена лъжичка смляна канела
- Дървени шишчета, накиснати във вода за 30 минути

ИНСТРУКЦИИ:

a) Загрейте скара или грил тиган на среден огън.

b) В малка купа смесете меда или кленовия сироп и смляната канела.

c) Нанижете парчетата ананас на дървените шишчета.

d) Намажете ананаса със сместа от мед или кленов сироп, като покриете всички страни.

e) Поставете шишчетата от ананас върху предварително загрятата скара и печете около 2-3 минути от всяка страна или докато се появят следи от скара и ананасът леко се карамелизира.

f) Извадете ги от скарата и ги оставете да се охладят за няколко минути.

g) Поднесете шишчетата от ананас на скара като сладка и тропическа закуска или десерт.

h) Насладете се на опушените и карамелизирани вкусове на печения ананас!

41.	Кокосово банонови хапки

СЪСТАВ:

- 2 банана, обелени и нарязани на хапки
- $\frac{1}{4}$ чаша разтопен черен шоколад
- $\frac{1}{4}$ чаша настърган кокос

ИНСТРУКЦИИ:

a) Постелете тава с хартия за печене.

b) Потопете всяко парче банан в разтопения черен шоколад, като покриете до половината.

c) Оваляйте покрития с шоколад банан в настърган кокос до равномерно покритие.

d) Поставете покритите бананови хапки върху подготвения лист за печене.

e) Повторете с останалите парчета банан.

f) Приберете в хладилник за поне 30 минути или докато шоколадът стегне.

g) Сервирайте кокосовите бананови хапки като вкусна тропическа закуска или десерт.

h) Насладете се на комбинацията от кремообразен банан, наситен шоколад и кокос!

42.   <u>Дип от тропическо кисело мляко</u>

СЪСТАВ:

- 1 чаша гръцко кисело мляко
- ½ чаша нарязан на кубчета ананас
- ½ чаша нарязано на кубчета манго
- ¼ чаша нарязан червен пипер
- ¼ чаша нарязан червен лук
- ¼ чаша нарязан пресен кориандър
- 1 супена лъжица сок от лайм
- ½ чаена лъжичка чесън на прах
- Сол и черен пипер на вкус

ИНСТРУКЦИИ:

a) В купа смесете гръцкото кисело мляко, нарязания на кубчета ананас, нарязаното на кубчета манго, нарязания червен пипер, нарязания червен лук, нарязан кориандър, сока от лайм, чесъна на прах, сол и черен пипер.

b) Разбъркайте добре, докато всички съставки се комбинират напълно.

c) Опитайте на вкус и коригирайте подправките, ако е необходимо.

d) Сервирайте тропическия дип с тортила чипс, пита хляб или зеленчукови пръчици.

e) Насладете се на този кремообразен и ароматен дип с тропически привкус!

43.   <u>Салата от тропически плодове</u>

СЪСТАВ:

- 2 чаши нарязан на кубчета ананас
- 1 чаша нарязано на кубчета манго
- 1 чаша нарязана на кубчета папая
- 1 чаша нарязано киви
- 1 чаша нарязани ягоди
- 1 супена лъжица пресен сок от лайм
- 1 супена лъжица мед или кленов сироп
- Добавки по избор: настърган кокос или нарязана прясна мента

ИНСТРУКЦИИ:

a) В голяма купа смесете нарязания на кубчета ананас, нарязаното на кубчета манго, нарязаната на кубчета папая, нарязаното киви и нарязаните ягоди.

b) В малка купа разбийте заедно сока от лайм и меда или кленовия сироп.

c) Поръсете дресинга с лайм върху плодовата салата и внимателно разбъркайте, за да се покрие.

d) По избор: Поръсете настърган кокос или нарязана прясна мента отгоре за допълнителен вкус и гарнитура.

e) Поднесете охладената салата от тропически плодове като освежаваща и здравословна закуска.

f) Насладете се на живите и сочни вкусове на тази тропическа смесица!

g) Тези 20 рецепти за тропически закуски трябва да ви осигурят разнообразие от вкусни и ароматни опции, на които да се насладите. Независимо дали търсите нещо сладко, пикантно, кремообразно или хрупкаво, тези рецепти със сигурност ще задоволят вашите тропически желания. Наслади се!

ОСНОВНО ЯСТИЕ

44.   <u>Ориз Пина Колада</u>

СЪСТАВ:

- 1 чаша ориз Арборио
- 1 супена лъжица канела
- 5 унции консерва ананас, натрошен
- унция кокосово мляко
- 1 чаша кондензирано мляко
- 1 $\frac{1}{2}$ чаши вода

ИНСТРУКЦИИ:

a) Добавете ориз и вода в тенджерата и разбъркайте добре.

b) Затворете съда с капак и гответе на ниска температура за 12 минути.

c) Освободете налягането, като използвате метода за бързо освобождаване, след което отворете капака.

d) Добавете останалите съставки и разбъркайте добре.

e) Сервирайте и се насладете.

45. Плодова салата Пиня Колада

СЪСТАВ:

- 2 чаши парчета ананас
- 1 чаша парчета манго
- 1/2 чаша настърган кокос
- 1/4 чаша сок от ананас
- 1 супена лъжица мед
- Листенца мента за украса

ИНСТРУКЦИИ:

a) В голяма купа смесете парчетата ананас, парчетата манго и настъргания кокос.

b) В отделна купа разбийте заедно сока от ананас и меда, за да направите дресинга.

c) Изсипете дресинга върху плодовата смес и разбъркайте, докато се смеси добре.

d) Гарнирайте с листенца мента преди сервиране.

Пилешки шишчета Пиня Колада на скара

СЪСТАВ:

- 4 обезкостени пилешки гърди без кожа, нарязани на 1-инчови кубчета
- 1/2 чаша сок от ананас
- 1/2 чаша кокосово мляко
- 1/4 чаша тъмен ром
- 1/4 чаша кафява захар
- 1/4 чаша соев сос
- 1 супена лъжица сок от лайм
- 1 супена лъжица зехтин
- 1/2 чаена лъжичка сол
- 1/4 чаена лъжичка черен пипер
- Парчета ананас и неподсладен настърган кокос за гарнитура

ИНСТРУКЦИИ:

a) В купа за смесване разбийте заедно сока от ананас, кокосовото мляко, тъмния ром, кафявата захар, соевия сос, сока от лайм, зехтина, солта и черния пипер.

b) Добавете пилето в купата за смесване и разбъркайте, за да се покрие.

c) Покрийте купата и мариновайте в хладилника за поне 1 час.

d) Предварително загрейте скара до средно висока температура.

e) Нанижете пилето на шишчета, като редувате с парчета ананас.

f) Печете шишчетата на грил за 8-10 минути от всяка страна, докато пилето се свари.

g) Гарнирайте с неподсладен настърган кокос преди сервиране.

47. <u>Пиня Колада Зеленчукови шишчета</u>

СЪСТАВ:

- 1 червена чушка, нарязана на хапки
- 1 зелена чушка, нарязана на хапки
- 1 жълта тиква, нарязана на хапки
- 1 тиквичка, нарязана на хапки
- 1 глава червен лук, нарязана на хапки
- 1/2 чаша сок от ананас
- 1/2 чаша кокосово мляко
- 1 супена лъжица тъмен ром
- 1 супена лъжица зехтин
- 1/2 чаена лъжичка смлян кимион
- 1/2 чаена лъжичка червен пипер
- 1/2 чаена лъжичка чесън на прах
- 1/2 чаена лъжичка сол
- 1/4 чаена лъжичка черен пипер
- Парчета ананас за нанизване на шишчета
- Неподсладен настърган кокос за гарнитура

ИНСТРУКЦИИ:

a) В купа за смесване разбийте заедно сока от ананас, кокосовото мляко, тъмния ром, зехтина, кимиона, червения пипер, чесъна на прах, солта и черния пипер.

b) Добавете зеленчуците в купата за смесване и разбъркайте, за да се покрият.

c) Покрийте купата и мариновайте в хладилника поне 30 минути.

d) Предварително загрейте скара до средно висока температура.

e) Нанижете парчетата зеленчуци и парчетата ананас на шишчета.

f) Печете шишчетата на грил за 8-10 минути, като ги обръщате от време на време, докато зеленчуците омекнат и леко се овъглят.

g) Поднесете шишчетата с неподсладен настърган кокос за гарнитура.

48

Такос със скариди Piña Colada

СЪСТАВ:

- 1 килограм големи скариди, обелени и без жилки
- 1/4 чаша сок от ананас
- 1/4 чаша кокосово мляко
- 1 супена лъжица тъмен ром
- 1 супена лъжица зехтин
- 1/2 чаена лъжичка смлян кимион
- 1/2 чаена лъжичка червен пипер
- 1/2 чаена лъжичка чесън на прах
- 1/2 чаена лъжичка сол
- 1/4 чаена лъжичка черен пипер
- Царевични тортили
- Настъргано зеле
- Хапки ананас
- Неподсладен настърган кокос
- Кориандър за гарнитура

ИНСТРУКЦИИ:

a) В купа за смесване разбийте заедно сока от ананас, кокосовото мляко, тъмния ром, зехтина, кимиона, червения пипер, чесъна на прах, солта и черния пипер.

b) Добавете скаридите в купата за смесване и разбъркайте, за да се покрият.

c) Покрийте купата и мариновайте в хладилника поне 30 минути.

d) Предварително загрейте скара до средно висока температура.

e) Печете скаридите на грил за 2-3 минути от всяка страна, докато порозовеят и се сварят.

f) Загрейте царевичните тортили на скара.

g) За да сглобите такос, добавете настъргано зеле и скариди на скара към всяка тортила.

h) Отгоре сложете парчета ананас, неподсладен настърган кокос и кориандър.

i) Сервирайте веднага.

49

Пиня колада свинско филе

СЪСТАВ:

- 2 килограма свинско филе
- 1/2 чаша сок от ананас
- 1/2 чаша кокосово мляко
- 1/4 чаша тъмен ром
- 1/4 чаша кафява захар
- 1/4 чаша соев сос
- 1 супена лъжица сок от лайм
- 1 супена лъжица зехтин
- 1/2 чаена лъжичка сол
- 1/4 чаена лъжичка черен пипер
- Парчета ананас и неподсладен настърган кокос за гарнитура

ИНСТРУКЦИИ:

a) В купа за смесване разбийте заедно сока от ананас, кокосовото мляко, тъмния ром, кафявата захар, соевия сос, сока от лайм, зехтина, солта и черния пипер.

b) Поставете свинското филе в голяма затваряща се найлонова торбичка и изсипете маринатата върху свинското.

c) Затворете плика и мариновайте в хладилника поне 2 часа или цяла нощ.

d) Загрейте фурната до 375°F (190°C).

e) Извадете свинското месо от маринатата и изхвърлете маринатата.

f) Загрейте голям подходящ за фурна тиган на средно висока температура и добавете 1 супена лъжица зехтин.

g) Запържете свинското филе от всички страни до златисто кафяво, около 5 минути.

h) Прехвърлете тигана във фурната и печете 20-25 минути, докато вътрешната температура на свинското месо достигне 145°F (63°C).

i) Оставете свинското да почине 5-10 минути, преди да го нарежете.

j) Сервирайте с парчета ананас и неподсладен настърган кокос за гарнитура.

50.   Пържен ориз със скариди Piña Colada

СЪСТАВ:

- 1 килограм големи скариди, обелени и без жилки
- 3 чаши сварен жасминов ориз, охладен
- 1/2 чаша замразени грах и моркови, размразени
- 1/2 чаша парчета ананас
- 1/2 чаша неподсладен настърган кокос
- 1/4 чаша кокосово мляко
- 1/4 чаша сок от ананас
- 1/4 чаша соев сос
- 2 супени лъжици тъмен ром
- 2 супени лъжици зехтин
- 2 скилидки чесън, смлени
- 2 яйца, разбити
- Сол и черен пипер на вкус
- Кориандър за гарнитура

ИНСТРУКЦИИ:

a) В купа за смесване разбийте заедно кокосовото мляко, сока от ананас, соевия сос и тъмния ром.

b) Загрейте голям тиган на средно висока температура и добавете 1 супена лъжица зехтин.

c) Добавете скаридите и чесъна в тигана и задушете за 2-3 минути, докато скаридите порозовеят и се сварят.

d) Извадете скаридите от тигана и ги оставете настрана.

e) Добавете 1 супена лъжица зехтин в тигана и добавете разбитите яйца.

f) Разбийте яйцата до готовност и ги оставете настрана със скаридите.

g) Добавете останалата супена лъжица зехтин в тигана и добавете сварения ориз, граха и морковите и парченцата ананас.

h) Изсипете соса пиня колада върху ориза и разбъркайте, за да се комбинира.

i) Добавете сварените скариди и яйцата в тигана и разбъркайте, за да се комбинират.

j) Гответе още 2-3 минути, докато всичко се загрее.

k) Подправете със сол и черен пипер на вкус.

l) Гарнирайте с неподсладен настърган кокос и кориандър преди сервиране.

51.   Рибни такос Пиня Колада

СЪСТАВ:

- 1 килограм бяла риба, като треска или тилапия
- 1/2 чаша сок от ананас
- 1/2 чаша кокосово мляко
- 1 супена лъжица тъмен ром
- 1 супена лъжица зехтин
- 1/2 чаена лъжичка смлян кимион
- 1/2 чаена лъжичка червен пипер
- 1/2 чаена лъжичка чесън на прах
- 1/2 чаена лъжичка сол
- 1/4 чаена лъжичка черен пипер
- Царевични тортили
- Настъргано зеле
- Хапки ананас
- Неподсладен настърган кокос
- Кориандър за гарнитура

ИНСТРУКЦИИ:

a) В купа за смесване разбийте заедно сока от ананас, кокосовото мляко, тъмния ром, зехтина, кимиона, червения пипер, чесъна на прах, солта и черния пипер.

b) Добавете рибата в купата за смесване и разбъркайте, за да се покрие.

c) Покрийте купата и мариновайте в хладилника поне 30 минути.

d) Предварително загрейте скара до средно висока температура.

e) Печете рибата на грил за 2-3 минути от всяка страна, докато се свари.

f) Загрейте царевичните тортили на скара.

g) 7. Сглобете такосите, като поставите няколко парчета риба върху всяка тортила и ги поръсите с настъргано зеле, парчета ананас, неподсладен настърган кокос и кориандър.

h) Сервирайте веднага.

52.   Пиня колада, глазирана шунка

СЪСТАВ:

- 1 напълно сготвена шунка с кост, около 8-10 паунда
- 1 чаша сок от ананас
- 1/2 чаша кафява захар
- 1/2 чаша мед
- 1/4 чаша тъмен ром
- 2 супени лъжици дижонска горчица
- 1 чаена лъжичка смляна канела
- 1/4 чаена лъжичка смлян карамфил
- Кръгчета ананас и череши за гарнитура

ИНСТРУКЦИИ:

a) Загрейте фурната до 325°F (163°C).

b) В купа за смесване разбийте заедно сока от ананас, кафявата захар, меда, тъмния ром, дижонската горчица, канелата и карамфила.

c) Поставете шунката в тава за печене и намажете глазурата от пиня колада върху шунката, като се уверите, че е покрита напълно.

d) Печете шунката около 2-2,5 часа, като на всеки 30 минути мажете с глазурата.

e) През последните 15 минути на печене подредете кръгчета ананас и череши върху шунката за гарнитура.

f) Оставете шунката да почине 10-15 минути, преди да я издълбаете и сервирате.

Кремообразна салата от тропически плодове

СЪСТАВ:

- 15,25-унция консерва салата от тропически плодове, отцедена
- 1 банан, нарязан
- 1 чаша Замразена бита топинг, размрсзена

ИНСТРУКЦИИ:

a) В средна купа комбинирайте всички съставки.
b) Разбъркайте внимателно, за да се покрие.

54.   Пиле с тропически ананас

СЪСТАВ:

- 1 черен пипер
- 1 малка глава червен лук
- 1 фунт (450 г) пилешки гърди без кост и кожа
- 2 чаши захарен грах
- 1 кутия (14 унции/398 мл) парчета ананас в сок
- 2 супени лъжици разтопено кокосово масло
- 1 пакет подправка за пиле с тропически ананас
- пресен сок от лайм

ИНСТРУКЦИИ:

a) Предварително загрейте фурната до 425° F. Линеен лист с подложка за лист.

b) Нарежете чушката и лука. В голяма купа смесете черен пипер, лук, пиле, грах, парчета ананас (включително сок), кокосово масло и подправка. Хвърлете, докато се покрие добре.

c) Подредете на един пласт върху тавата възможно най-добре. Печете за 16 минути или докато пилето се свари.

d) Завършете с пресен лайм, ако желаете.

55.   Опитайте Tropics Shrimp

СЪСТАВ:

- 1 лайм, нарязан наполовина
- 1 пакет подправка за пиле с тропически ананас
- 1 супена лъжица разтопено кокосово масло
- 1 супена лъжица мед
- 2 чушки, нарязани на едро
- 1 малка тиквичка, нарязана на $\frac{1}{2}$ инчови кръгчета
- 2 чаши замразени парчета манго
- 1 lb замразени сурови, обелени скариди, размразени

ИНСТРУКЦИИ:

a) Предварително загрейте фурната до 425° F. Линеен лист с подложка за лист.

b) С помощта на цитрус преса 2 в 1 изстискайте сока от лайма в голяма купа.

c) Добавете подправка, масло и мед. Разбъркайте, за да се комбинират.

d) Поставете чушките, тиквичките и мангото в тиган.

e) Отгоре се изсипва половината сос.

f) С помощта на щипки хвърлете върху палтото.

g) Поставете във фурната и печете за 10 минути.

h) Междувременно добавете скариди в купа с останалия сос; хвърляне към палтото.

i) Извадете тигана от фурната; добавете скариди на един слой възможно най-добре.

j) Печете за 3-4 минути, или докато скаридите се сварят.

СЪСТАВ:

Салса:

- 1 малък ананас, обелен, почистен от сърцевината и нарязан на кубчета
- 1 среден портокал, обелен и нарязан на кубчета
- 2 супени лъжици пресен кориандър, смлян
- Изстискайте сок от половин пресен лайм

СВИНСКО:

- $\frac{1}{2}$ супена лъжица кафява захар
- 2 супени лъжици смлян чесън
- 2 супени лъжици смлян джинджифил
- 2 супени лъжици смлян кимион
- 2 супени лъжици смлян кориандър
- $\frac{1}{2}$ чаена лъжичка куркума
- 2 супени лъжици рапично масло
- 6 свински пържоли

ИНСТРУКЦИИ:

a) Направете салса, като смесите ананас, портокал, кориандър и сок от лайм в купа. Заделени. Може да се приготви до 2 дни предварително и да се съхранява в хладилник.

b) В малка купа смесете смес от кафява захар, чесън, джинджифил, кимион, кориандър и куркума.

c) Намажете двете страни на свинските пържоли с масло от канола и ги разтрийте и двете страни.

d) Загрейте барбекюто на средно висока степен. Поставете свинските котлети на скара за около 5 минути от всяка страна или докато се сварят до вътрешна температура от 160 °F.

e) Сервирайте всеки котлет, придружен с ⅓ чаша салса.

57

Опашка от омар с тропически плодове на скара

СЪСТАВ:

- 4 бамбукови или метални шишчета
- $\frac{3}{4}$ златен ананас, обелен, без сърцевина и нарязан на 1-инчови клинове
- 2 банана, обелени и нарязани напречно на осем 1-инчови парчета
- 1 манго, обелено, без костилки и нарязано на 1-инчови кубчета
- 4 опашки от скален омар или голям омар от Мейн
- $\frac{3}{4}$ чаша сладка соева глазура
- 1 чаша масло, разтопено
- 4 резенчета лайм

ИНСТРУКЦИИ:

a) Ако печете на скара с бамбукови шишчета, накиснете ги във вода поне за 30 минути. Запалете скара за директна умерена топлина, около 350$\frac{1}{4}$F.

b) Нанижете последователно парчетата ананас, банан и манго на шишчетата, като използвате около 2 парчета от всеки плод на шишче.

c) Направете пеперуда на опашките на омара, като разделите всяка опашка по дължина през заоблената горна черупка и месото, оставяйки плоската долна черупка непокътната. Ако черупката е много твърда, използвайте кухненска ножица, за да разрежете заоблената черупка и нож, за да разрежете месото.

d) Внимателно отворете опашката, за да изложите месото.

e) Намажете леко соевата глазура върху плодовите шишчета и месото от омар. Намажете решетката на грила и я намажете с масло. Поставете опашките на омара, с месото надолу, директно върху котлона и ги изпечете на скара, докато се забелязват добре, 3 до 4 минути. Натиснете опашките върху решетката на скара с шпатула или щипки, за да помогнете за запържването на месото. Обърнете и изпечете на скара, докато месото стане твърдо и бяло, намажете със соевата глазура, още 5 до 7 минути.

f) Междувременно изпечете плодовите шишчета на грил заедно с омара, докато се получат красиви белези, около 3 до 4 минути от всяка страна.

g) Сервирайте с разтопеното масло и резенчета лайм за изстискване.

58

Тропическа салата от черен боб с манго

СЪСТАВ:

- 3 чаши сварен черен боб, отцеден и изплакнат
- $\frac{1}{2}$ чаша нарязана червена чушка
- $\frac{1}{4}$ чаша смлян червен лук
- $\frac{1}{4}$ чаша смлян пресен кориандър
- 1 халапеньо, почистено от семена и смляно (по избор)
- 3 супени лъжици масло от гроздови семки
- 2 супени лъжици пресен сок от лайм
- 2 супени лъжици нектар от агаве
- $\frac{1}{4}$ чаена лъжичка сол
- $\frac{1}{8}$ чаена лъжичка смлян кайен

ИНСТРУКЦИИ:

а) В голяма купа смесете боба, мангото, чушката, лука, килантрото и халапеньото, ако използвате, и оставете настрана.

b) В малка купа разбийте заедно олиото, сока от лайм, нектара от агаве, солта и кайена. Изсипете дресинга върху салатата и разбъркайте добре.

с) Охладете за 20 минути и сервирайте.

59.   <u>Купа за тропически ориз</u>

СЪСТАВ:
КУПА
- 1 сладък картоф, обелен и нарязан на хапки
- 1 супена лъжица екстра върджин зехтин
- 2 чаши жасминов ориз, варен
- 1 ананас, обелен, почистен от сърцевината и нарязан на хапки
- $\frac{1}{4}$ чаша кашу
- 4 супени лъжици сурово обелено конопено семе

КИСЕЛО-СЛАДКО СОС
- 1 супена лъжица царевично нишесте
- $\frac{1}{2}$ чаша нарязан ананас
- $\frac{1}{4}$ чаша оризов оцет
- $\frac{1}{3}$ чаша светлокафява захар
- 3 супени лъжици кетчуп
- 2 супени лъжици соев сос

ИНСТРУКЦИИ:
СЛАДЪК КАРТОФ
a) Загрейте фурната до 425°F.

b) Поръсете сладкия картоф с олиото. Поставете върху лист за печене и печете за 30 минути.

c) Извадете от фурната и оставете да се охлади.

КИСЕЛО-СЛАДКО СОС
d) Разбийте заедно царевично нишесте и 1 супена лъжица вода в малка купа. Заделени.

e) Добавете ананаса и $\frac{1}{4}$ чаша вода в блендер. Блендирайте, докато сместа стане възможно най-гладка.

f) Добавете ананасовата смес, оризовия оцет, кафявата захар, кетчупа и соевия сос в средно голяма тенджера.

g) Оставете да заври на средно силен огън.

h) Разбъркайте сместа от царевично нишесте и гответе, докато се сгъсти, около минута. Свалете от огъня и оставете настрана, докато сглобите купичките.

МОНТАЖ

i) Поставете ориз на дъното на всяка купа. Добавете редове ананас, кашу, конопено семе и сладки картофи.

j) Отгоре се залива със сладко-киселия сос.

СЪСТАВ:

- 8 дървени или метални шишчета
- 2 паунда свинско филе, нарязано на 1-инчови парчета
- 2 големи червени чушки, почистени, нарязани на 8 парчета
- 1 зелена чушка, изчистена, почистена и нарязана на 8 части
- $\frac{1}{2}$ пресен ананас, нарязан на 4 сегмента и след това на клинове
- $\frac{1}{2}$ чаша мед
- $\frac{1}{2}$ чаша сок от лайм
- 2 чаени лъжички настъргана кора от лайм
- 3 скилидки чесън, смлени
- $\frac{1}{4}$ чаша жълта горчица
- 1 чаена лъжичка сол
- $\frac{1}{4}$ чаена лъжичка черен пипер

ИНСТРУКЦИИ:

a) Ако използвате дървени шишчета, накиснете ги във вода за 15 до 20 минути.

b) Алтернативно нанижете всяко шишче с парчета свинско месо, 2 парчета червена чушка, 1 парче зелена чушка и 2 парчета ананас.

c) В тава за печене 9" x 13" смесете мед, сок от лайм, настъргана кора от лайм, чесън, жълта горчица, сол и черен пипер; Смесете добре. Поставете шишчетата в тава за печене и ги завъртете, за да се покрият с марината. Покрийте и охладете за най-малко 4 часа или за една нощ, като ги завъртате от време на време.

d) Загрейте скарата на умерено -висока температура. Намажете кебапите с марината; изхвърлете излишната марината.

e) Печете шишчетата на скара за 7 до 9 минути или докато свинското вече не е розово, като ги въртите често, за да се изпекат от всички страни.

61.   Ямайско свинско месо

СЪСТАВ:

- 2 килограма свинско филе, нарязано на кубчета или ленти
- 3 супени лъжици ямайска подправка
- 2 супени лъжици растително масло
- 2 супени лъжици сок от лайм
- 2 супени лъжици соев сос
- 2 супени лъжици кафява захар
- 2 скилидки чесън, смлени
- 1 чаена лъжичка настърган джинджифил
- Сол и черен пипер на вкус

ИНСТРУКЦИИ:

a) В купа смесете ямайска подправка, растително масло, сок от лайм, соев сос, кафява захар, смлян чесън, настърган джинджифил, сол и черен пипер.

b) Добавете кубчетата или ивиците свинско филе в купата и ги разбъркайте, за да се покрият равномерно в маринатата.

c) Покрийте купата и оставете в хладилника за поне 1 час или цяла нощ за по-интензивен вкус.

d) Загрейте скара или грил тиган на средно висока температура.

e) Извадете свинското месо от маринатата, като изтръскате излишното.

f) Печете свинското на грил за около 4-6 минути от всяка страна или докато се свари и хубаво се овъгли.

g) Намажете свинското месо с останалата марината, докато се пече.

h) След като се свари, прехвърлете свинското в чиния за сервиране и го оставете да почине за няколко минути.

i) Сервирайте ямайското свинско месо като пикантно и ароматно тропическо основно ястие.

j) Насладете се на опушените и ароматни вкусове на подправката!

Манго къри тофу

СЪСТАВ:

- 1 блок (14 унции) твърдо тофу, отцедено и нарязано на кубчета
- 1 супена лъжица растително масло
- 1 глава лук, нарязана
- 2 скилидки чесън, смлени
- 1 супена лъжица къри на прах
- 1 чаена лъжичка смлян кимион
- $\frac{1}{2}$ чаена лъжичка смляна куркума
- $\frac{1}{2}$ чаена лъжичка смлян кориандър
- $\frac{1}{4}$ чаена лъжичка лют червен пипер (коригирайте на вкус)
- 1 кутия (14 унции) кокосово мляко
- 1 зряло манго, обелено, без костилки и нарязано на кубчета
- 1 супена лъжица сок от лайм
- Сол на вкус
- Нарязан пресен кориандър за гарнитура
- Варен ориз или хляб наан за сервиране

ИНСТРУКЦИИ:

a) Загрейте растително масло в голям тиган или уок на среден огън.

b) Добавете нарязан лук и смлян чесън и задушете за 2-3 минути, докато омекнат и ароматизират.

c) Добавете къри на прах, смлян кимион, смлян куркума, смлян кориандър и лют червен пипер. Разбъркайте добре, за да се покрият лукът и чесънът с подправките.

d) Добавете нарязаното на кубчета тофу в тигана и гответе за 3-4 минути, докато леко покафенее.

e) Налейте кокосовото мляко и оставете да заври.

f) Добавете нарязано на кубчета манго и сок от лайм към тигана и подправете със сол на вкус.

g) Оставете да къкри за 5-6 минути, докато тофуто се загрее и ароматите се смесят.

h) Украсете с нарязан пресен кориандър.

i) Сервирайте манго къри тофу върху варен ориз или с хляб наан за задоволително тропическо основно ястие.

j) Насладете се на кремообразното и ароматно манго къри с нежно тофу и ароматни подправки!

63. <u>Карибска салата с черен боб и киноа от манго</u>

СЪСТАВ:

- 1 чаша варена киноа, охладена
- 1 кутия (15 унции) черен боб, изплакнат и отцеден
- 1 зряло манго, обелено, без костилки и нарязано на кубчета
- 1 червена чушка, нарязана на кубчета
- $\frac{1}{4}$ чаша нарязан червен лук
- $\frac{1}{4}$ чаша нарязан пресен кориандър
- Сок от 1 лайм
- 2 супени лъжици зехтин
- 1 чаена лъжичка смлян кимион
- Сол и черен пипер на вкус

ИНСТРУКЦИИ:

a) В голяма купа смесете сварена киноа, черен боб, нарязано на кубчета манго, нарязан на кубчета червен пипер, нарязан червен лук и нарязан пресен кориандър.

b) В малка купа разбийте заедно сока от лайм, зехтина, смлян кимион, сол и черен пипер.

c) Изсипете дресинга върху сместа от киноа и разбъркайте, за да се смеси добре.

d) Коригирайте подправките, ако е необходимо.

e) Покрийте купата и охладете за поне 30 минути, за да позволите на вкусовете да се смесят.

f) Преди да сервирате, разбъркайте леко салатата, за да сте сигурни, че всички съставки са добре комбинирани.

g) Сервирайте карибската салата от черен боб и манго киноа като освежаващо и питателно тропическо основно ястие.

h) Насладете се на комбинацията от богат на протеини черен боб, сочно манго и ароматен кориандър във всяка хапка!

СЪСТАВ:

- 4 пилешки бутчета без кост и кожа
- ¼ чаша соев сос
- ¼ чаша сок от ананас
- 2 супени лъжици мед
- 2 супени лъжици оризов оцет
- 1 супена лъжица сусамово масло
- 2 скилидки чесън, смлени
- 1 чаена лъжичка настърган джинджифил
- Резенчета ананас за украса
- Нарязан зелен лук за гарнитура

ИНСТРУКЦИИ:

a) В купа разбийте заедно соев сос, сок от ананас, мед, оризов оцет, сусамово масло, смлян чесън и настърган джинджифил.

b) Поставете пилешките бутчета в плитък съд и ги залейте с маринатата. Уверете се, че пилето е покрито равномерно.

c) Покрийте съда и оставете в хладилника за поне 1 час или цяла нощ за по-интензивен вкус.

d) Загрейте скара или грил тиган на средно висока температура.

e) Извадете пилешките бутчета от маринатата, като изтръскате излишъка.

f) Печете пилето на грил за около 5-6 минути от всяка страна или докато се свари и хубаво се овъгли.

g) Намажете пилето с останалата марината, докато се пече.

h) След като се свари, прехвърлете пилето в чиния за сервиране и го оставете да почине за няколко минути.

i) Гарнирайте с резени ананас и нарязан зелен лук.

j) Сервирайте хавайското пиле терияки като основно ястие, вдъхновено от тропиците.

k) Насладете се на крехкото и ароматно пиле със сладката и остра глазура терияки!

65.   Къри със скариди с кокос и лайм

СЪСТАВ:

- 1 килограм скариди, обелени и без жилки
- 1 кутия (13,5 унции) кокосово мляко
- Сок и кора от 2 лайма
- 2 супени лъжици тайландска зелена къри паста
- 1 супена лъжица рибен сос
- 1 супена лъжица кафява захар
- 1 червена чушка, нарязана
- 1 тиквичка, нарязана
- 1 чаша грах
- 1 супена лъжица растително масло
- Пресен кориандър за гарнитура
- Варен ориз за сервиране

ИНСТРУКЦИИ:

a) Загрейте растително масло в голям тиган или уок на среден огън.

b) Добавете тайландска зелена къри паста към тигана и гответе за 1 минута, докато се появи аромат.

c) Изсипете кокосовото мляко и разбъркайте добре, за да се смеси с къри пастата.

d) Добавете рибен сос, кафява захар, сок от лайм и кора от лайм. Разбъркайте докато се разтвори.

e) Добавете нарязаната червена чушка, тиквичките и граха в тигана. Разбъркайте, за да покриете зеленчуците в къри соса.

f) Оставете да къкри 5-6 минути, докато зеленчуците омекнат.

g) Добавете скаридите в тигана и гответе още 3-4 минути, докато скаридите порозовеят и се сварят.

h) Свалете от огъня и гарнирайте с пресен кориандър.

i) Сервирайте кърито със скариди с кокос и лайм върху сварен ориз за ароматно и ароматно тропическо ястие.

j) Насладете се на кремообразния кокосов къри сос със сочни скариди и хрупкави зеленчуци!

6. <u>Ямайска къри коза</u>

СЪСТАВ:

- 2 килограма козе месо, нарязано на кубчета
- 2 супени лъжици ямайско къри на прах
- 1 глава лук, наситнена
- 3 скилидки чесън, смлени
- 1 шотландска чушка, отстранена и смляна
- 1 супена лъжица растително масло
- 2 чаши кокосово мляко
- 2 чаши вода
- 2 стръка прясна мащерка
- Сол и черен пипер на вкус
- Варен ориз или роти за сервиране

ИНСТРУКЦИИ:

a) В купа овкусете козето месо с ямайско къри на прах, сол и черен пипер. Хвърлете, за да покриете месото равномерно.

b) Загрейте растително масло в голяма тенджера или холандска фурна на среден огън.

c) Добавете овкусеното козе месо в тенджерата и го запечете от всички страни. Извадете месото от тенджерата и го оставете настрана.

d) В същия съд добавете нарязан лук, смлян чесън и смлян черен пипер (ако използвате). Запържете за 2-3 минути, докато лукът стане прозрачен и ароматен.

e) Върнете запеченото козе месо в тенджерата и разбъркайте, за да се комбинира с лука и чесъна.

f) Налейте кокосовото мляко и водата. Разбъркайте добре, за да се поемат течностите.

g) Добавете стръкчета прясна мащерка в тенджерата и оставете сместа да заври.

h) Намалете котлона до минимум, покрийте тенджерата и оставете да къкри за около 2-3 часа или докато козето месо омекне и стане ароматно. Разбърквайте от време на време, за да не залепне.

i) Подправете със сол и черен пипер на вкус.

j) Сервирайте козето ямайско къри върху варен ориз или с роти за автентично и обилно тропическо основно ястие.

k) Насладете се на богатите и ароматни вкусове на козето месо с къри!

67. <u>Рибни такос в карибски стил</u>

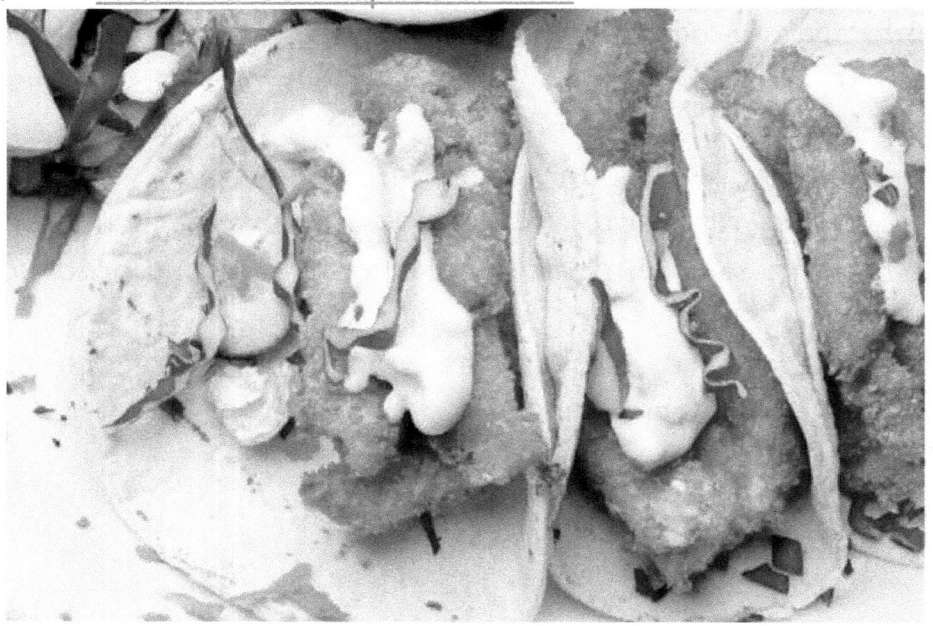

СЪСТАВ:

- 1 килограм филе от бяла риба (като треска или тилапия)
- $\frac{1}{4}$ чаша универсално брашно
- 1 супена лъжица карибска подправка
- $\frac{1}{2}$ чаена лъжичка сол
- $\frac{1}{4}$ чаена лъжичка черен пипер
- 2 супени лъжици растително масло
- 8 малки тортили
- Настъргана маруля
- Нарязано авокадо
- Нарязан пресен кориандър
- Резенчета лайм за сервиране

ИНСТРУКЦИИ:

a) В плитка чиния смесете заедно брашно, карибска подправка, сол и черен пипер.

b) Потопете рибните филета в брашнената смес, като изтръскате излишъка.

c) Загрейте растително масло в голям тиган на среден огън.

d) Добавете покритите рибни филета към тигана и гответе за около 3-4 минути от всяка страна или докато рибата се сготви и стане златисто кафява.

e) Извадете рибата от тигана и я оставете да почине за няколко минути.

f) Загрейте тортилите в сух тиган или микровълнова фурна.

g) Настържете сварената риба и я разпределете между тортилите.

h) Отгоре поръсете рибата с настъргана маруля, нарязано авокадо и нарязан пресен кориандър.

i) Изстискайте пресен сок от лайм върху гарнитурата.

j) Сервирайте рибното тако в карибски стил като тропическо и ароматно основно ястие.

k) Насладете се на хрупкавата и овкусена риба със свежи и живи топинги!

8.   <u>Глазирана сьомга с манго</u>

СЪСТАВ:

- 4 филета от сьомга
- 1 зряло манго, обелено, без костилки и пюрирано
- 2 супени лъжици соев сос
- 2 супени лъжици мед
- 2 супени лъжици сок от лайм
- 2 скилидки чесън, смлени
- 1 чаена лъжичка настърган джинджифил
- Сол и черен пипер на вкус
- Нарязан пресен кориандър за гарнитура

ИНСТРУКЦИИ:

a) Загрейте фурната до 375°F (190°C).

b) В купа разбийте заедно пюре от манго, соев сос, мед, сок от лайм, смлян чесън, настърган джинджифил, сол и черен пипер.

c) Поставете филетата сьомга в тава за печене и ги залейте с манговата глазура. Уверете се, че сьомгата е равномерно покрита.

d) Печете в предварително загрятата фурна за около 12-15 минути, или докато сьомгата се сготви и се начупи лесно с вилица.

e) Намажете сьомгата с глазурата веднъж или два пъти, докато се пече.

f) След като се сготви, извадете сьомгата от фурната и я оставете да почине за няколко минути.

g) Украсете с нарязан пресен кориандър.

h) Сервирайте сьомгата с манго като тропическо и ароматно основно ястие.

i) Насладете се на сочната и сладка сьомга с острата и плодова глазура от манго!

Карибско зеленчуково кări

СЪСТАВ:

- 1 супена лъжица растително масло
- 1 глава лук, наситнена
- 2 скилидки чесън, смлени
- 1 червена чушка, нарязана на кубчета
- 1 жълта чушка, нарязана на кубчета
- 1 тиквичка, нарязана на кубчета
- 1 сладък картоф, обелен и нарязан на кубчета
- 1 чаша цветчета карфиол
- 1 кутия (14 унции) кокосово мляко
- 2 супени лъжици карибско къри на прах
- 1 чаена лъжичка смлян кимион
- 1 чаена лъжичка смлян кориандър
- $\frac{1}{4}$ чаена лъжичка лют червен пипер (коригирайте на вкус)
- Сол и черен пипер на вкус
- Нарязан пресен кориандър за гарнитура
- Варен ориз или роти за сервиране

ИНСТРУКЦИИ:

a) Загрейте растително масло в голям тиган или тенджера на среден огън.

b) Добавете нарязан лук и смлян чесън и задушете за 2-3 минути, докато омекнат и ароматизират.

c) Добавете нарязаните на кубчета червени и жълти чушки, нарязаните на кубчета тиквички, нарязаните на кубчета сладки картофи и цветчетата карфиол в тигана. Разбъркайте, за да се покрият зеленчуците в олиото.

d) Гответе 5-6 минути, докато зеленчуците започнат да омекват.

e) В малка купа разбийте заедно карибско къри на прах, смлян кимион, смлян кориандър, лют червен пипер, сол и черен пипер.

f) Поръсете сместа от подправки върху зеленчуците в тигана и разбъркайте добре, за да се покрият.

g) Налейте кокосовото мляко и разбъркайте, за да се смеси с подправките и зеленчуците.

h) Оставете сместа да заври и покрийте тигана. Оставете да се готви за около 15-20 минути или докато зеленчуците омекнат и вкусовете се смесят.

i) Коригирайте подправките, ако е необходимо.

j) Украсете с нарязан пресен кориандър.

k) Сервирайте карибското зеленчуково къри върху варен ориз или с роти за обилно и ароматно тропическо основно ястие.

l) Насладете се на живите и ароматни вкусове на къри зеленчуци!

70.   <u>Пилешко месо със салса от манго</u>

СЪСТАВ:

- 4 обезкостени пилешки гърди без кожа
- 2 супени лъжици ямайска подправка
- 2 супени лъжици растително масло
- Сол и черен пипер на вкус

САЛСА С МАНГО:

- 1 зряло манго, обелено, без костилки и нарязано на кубчета
- ½ глава червен лук, нарязан на ситно
- ½ червена чушка, нарязана на ситно
- ½ чушка халапеньо, отстранени семена и ребра, нарязани на ситно
- Сок от 1 лайм
- 2 супени лъжици нарязан пресен кориандър
- Сол на вкус

ИНСТРУКЦИИ:

a) Загрейте грила или грил тигана на средно висока температура.

b) Натрийте пилешките гърди с ямайска подправка, растително масло, сол и черен пипер.

c) Печете пилето на грил за около 6-8 минути от всяка страна или докато се свари и се овъгли. Вътрешната температура трябва да достигне 165°F (74°C).

d) Извадете пилето от скарата и го оставете да почине за няколко минути.

e) Междувременно пригответе салсата с манго, като смесите в купа нарязано на кубчета манго, ситно нарязан червен лук, ситно нарязан червен пипер, ситно нарязан пипер халапеньо, сок от лайм, нарязан пресен кориандър и сол. Разбъркайте добре, за да се комбинират.

f) Нарежете пилето на скара и го сервирайте с обилна лъжица манго салса отгоре.

g) Сервирайте пилето с манго салса като тропическо и пикантно основно ястие.

h) Насладете се на дръзката и ароматна подправка от джирк, съчетана с освежаващата и плодова манго салса!

Свински ребърца на хавайско барбекю

СЪСТАВ:

- 2 релета свински ребра
- 1 чаша сок от ананас
- ½ чаша кетчуп
- ¼ чаша соев сос
- ¼ чаша кафява захар
- 2 супени лъжици оризов оцет
- 2 скилидки чесън, смлени
- 1 чаена лъжичка настърган джинджифил
- Сол и черен пипер на вкус

ИНСТРУКЦИИ:

a) Загрейте фурната до 325°F (163°C).

b) В купа разбийте заедно сок от ананас, кетчуп, соев сос, кафява захар, оризов оцет, смлян чесън, настърган джинджифил, сол и черен пипер.

c) Поставете решетките свински ребра в голям съд за печене или тава за печене.

d) Изсипете маринатата върху ребрата, като се уверите, че са покрити от всички страни. Запазете малко марината за намазване.

e) Покрийте съда с алуминиево фолио и го поставете в предварително загрятата фурна.

f) Печете ребрата около 2 часа или докато омекнат и месото започне да се отделя от костите.

g) Отстранете фолиото и намажете ребрата със заделената марината.

h) Увеличете температурата на фурната до 400°F (200°C) и върнете ребрата във фурната без капак.

i) Печете още 15-20 минути или докато ребрата се карамелизират добре и сосът се сгъсти.

j) Извадете от фурната и оставете ребрата да починат няколко минути преди сервиране.

k) Сервирайте свинските ребърца на хавайско барбекю като тропическо и сочно основно ястие.

l) Насладете се на нежните и ароматни ребърца със сладката и пикантна глазура за барбекю!

72.   Карибска пържола на скара със салса от ананас

СЪСТАВ:

- 2 паунда фланк пържола
- 2 супени лъжици карибска подправка
- 2 супени лъжици растително масло
- Сол и черен пипер на вкус

САЛСА С АНАНАС:

- 1 чаша нарязан на кубчета ананас
- $\frac{1}{2}$ глава червен лук, нарязан на ситно
- $\frac{1}{2}$ червена чушка, нарязана на ситно
- $\frac{1}{2}$ чушка халапеньо, отстранени семена и ребра, нарязани на ситно
- Сок от 1 лайм
- 2 супени лъжици нарязан пресен кориандър
- Сол на вкус

ИНСТРУКЦИИ:

a) Загрейте грила или грил тигана на средно висока температура.

b) Натрийте фланк стека с карибска подправка, растително масло, сол и черен пипер.

c) Печете пържолата на грил за около 4-6 минути от всяка страна или докато достигне желаното ниво на готовност. Оставете го да почине няколко минути, преди да го нарежете.

d) Междувременно пригответе салсата с ананас, като смесите нарязан на кубчета ананас, ситно нарязан червен лук, ситно нарязан червен пипер, ситно нарязан пипер халапеньо, сок от лайм, нарязан пресен кориандър и сол в купа. Разбъркайте добре, за да се комбинират.

e) Нарежете печената пържола на скара и я сервирайте с обилна лъжица салса от ананас отгоре.

f) Сервирайте карибската пържола на скара със салса от ананас като тропическо и ароматно основно ястие.

ДЕСЕРТ

СЪСТАВ:

- 2 1/2 чаши ананас, на 1/2-инчови кубчета
- 1 (12 унции) консерва кокосов крем
- 1/2 чаша пресен сок от лайм
- 1/2 чаша пресен портокалов сок
- 3 супени лъжици тъмен ром
- 2 супени лъжици Triple Sec

ИНСТРУКЦИИ:

a) Работейки на партиди, обработете ананаса в кухненски робот за 15 секунди. Прехвърлете в голяма купа. Разбъркайте сметана от кокос, сок от лайм, портокалов сок, ром и Triple Sec.

b) Покрийте с найлоново фолио и поставете във фризера за една нощ.

c) Работейки на партиди, пулсирайте замразената смес в кухненски робот 10 пъти и след това обработете до гладкост, около 90 секунди.

d) Покрийте и замразете за 2 часа или докато стегне.

74.   Пиня колада с меко сервиране

СЪСТАВ:

- 12 унции разбит топинг
- 12 унции кокосова сметана
- сок от ананас
- $\frac{1}{4}$ чаша кокосов ром
- 2 супени лъжици кафява захар
- Кора от 1 лайм

ИНСТРУКЦИИ:

a) В купа внимателно смесете разбитата заливка, кокосовата сметана, ананасовия сок, рома, захарта и кората от лайм, като внимавате да не изпуснете въздуха от разбитата заливка.

b) Допълнителната течност в тази рецепта изисква малко по-внимателно смесване, но ще се събере.

Кексчета Пина Колада

СЪСТАВ:

- 1 кутия от 18,25 унции смес за торта с бял шоколад
- 1 кутия от 3,9 унции разтворим микс за френски ванилов пудинг
- $\frac{1}{4}$ чаша кокосово масло
- $\frac{1}{2}$ чаша вода
- 2/3 чаша лек ром, разделен
- 4 яйца
- 1 кутия от 14 унции плюс 1 чаша натрошен ананас
- 1 чаша подсладен, настърган кокос
- 1 вана от 16 унции ванилова глазура
- 1 вана от 12 унции без млечни продукти
- Препечен кокос за гарнитура
- Коктейлни чадъри

ИНСТРУКЦИИ:

a) Загрейте фурната до 350°F.

b) Смесете смес за кекс, смес за пудинг, кокосово масло, вода и 1/3 чаша ром с електрически миксер на средна скорост. Добавете яйцата едно по едно, като бавно разбивате тестото, докато вървите.

c) Сгънете консервата с ананас и кокос. Изсипете в тави и печете 25 минути.

d) За да направите глазурата, смесете 1 чаша натрошен ананас, останал 1/3 чаша ром и ванилова глазура до плътност.

e) Добавете немлечен топинг.

f) Замразете напълно охладените кексчета и ги гарнирайте с препечен кокос и чадър.

76. Пина колада чийзкейк

СЪСТАВ:

- Кокосова кора
- 2 плика от неовкусен желатин
- захар
- 1 кутия (6 унции) сок от ананас
- 3 яйца, отделени
- 3 опаковки (8 унции всяка) крема сирене, омекотено
- $\frac{1}{4}$ чаша тъмен ямайски ром
- $\frac{1}{4}$ чаена лъжичка екстракт от кокос
- 1 кутия (20 унции) натрошен ананас
- 1 супена лъжица царевично нишесте

ИНСТРУКЦИИ:

a) Пригответе кокосова кора (вижте пс-долу). Смесете желатина и $\frac{1}{2}$ чаша захар в тенджера. Добавете сока от ананас. Стойте така 1 минута. Загрейте на ниска температура, докато желатинът се разтвори (5 минути). Свалете от огъня.

b) Добавете жълтъците, като един по един разбиете добре след всеки. Охладете леко. Разбийте крема сиренето до пухкава смес.

c) Смесете в желатинова смес с ром и екстракт от кокос.

d) Охладете бързо, като поставите сместа върху купа с ледена вода; разбърква се до леко сгъстяване. Разбийте белтъците на пяна.

e) Постепенно добавете $\frac{1}{4}$ чаша захар, докато се образуват твърди върхове. Сгънете в желатин. Обърнете в готова кора. Приберете в хладилник за една нощ.

f) В тенджера смесете неотцеден ананас с 2 супени лъжици захар и царевично нишесте. Гответе, като разбърквате, докато заври и се сгъсти. Готино. Сложете върху чийзкейка. Сервира 8 до 10.

g) Кокосова кора Смесете $1\frac{1}{2}$ чаши ванилови вафлени трохи с 1 чаша настърган кокос. Разбъркайте ⅓ чаша разтопено масло. Натиснете дъното и страните на 8 или 9-инчовата пружинна форма. Охладете до готовност за употреба.

Сладолед Пина Колада

СЪСТАВ:

- 13,5 унции кокосово мляко
- 15 унции кокосова сметана
- ⅓ – ½ чаша гранулирана захар
- ¼ чаша сок от ананас
- 2 супени лъжици ванилов екстракт или паста от ванилови зърна
- ½ чаша ананаси, нарязани на пюре
- ¼ чаша ром
- препечени кокосови стърготини, за сервиране

ИНСТРУКЦИИ:

a) В голяма купа разбийте заедно кокосовото мляко, сметаната и захарта. Разбийте 2-3 минути на ниска скорост, докато захарта се разтвори. Разбъркайте сока от ананас, екстракта от ванилия и пюрираните ананаси.

b) Охладете сместа за една нощ .

c) Включете вашата машина за сладолед. Изсипете охладената смес в купата на фризера и оставете да се смеси, докато се сгъсти около 25-30 минути. Ако използвате ром, добавете сега и оставете да бърка още 2-3 минути.

d) Прехвърлете мекия сладолед в подходяща за фризер купа и замразете за още 2 часа, за да узрее.

e) Сервирайте с препечени кокосови стърготини.

СЪСТАВ:

- 2 чаши трохи от крекер грахам
- 1/2 чаша несолено масло, разтопено
- 3 супени лъжици гранулирана захар
- 16 унции крема сирене, омекотено
- 1 чаша гранулирана захар
- 1/4 чаша сок от ананас
- 1/4 чаша кокосово мляко
- 1/4 чаша настърган кокос
- 4 яйца
- 1/2 чаша парчета ананас

ИНСТРУКЦИИ:

a) Загрейте фурната до 350°F.

b) В купа за смесване смесете трохите от крекера Греъм, разтопеното масло и 3 супени лъжици захар.

c) Натиснете сместа в намазнена тава за печене 9х13 инча.

d) В отделна купа разбийте крема сиренето и 1 чаша захар до гладкост.

e) Добавете сока от ананас, кокосовото мляко и настъргания кокос в купата за смесване и разбъркайте, докато се смесят добре.

f) Добавете яйцата в купата за смесване едно по едно и разбъркайте, докато се смесят добре.

g) Изсипете сместа върху кората във формата за печене.

h) Отгоре поръсете сместа с парчета ананас.

i) Печете 35-40 минути, докато стегне чийзкейка.

j) Оставете чийзкейка да се охлади, преди да го нарежете на блокчета.

Пина Колада Джелато

СЪСТАВ:

- 1 яйце
- 50 грама захар
- 250 мл кокосово мляко
- 200 мл Тежка сметана
- ½ от цял ананас Пресен ананас
- 1 Рим

ИНСТРУКЦИИ:

a) Използвайте най-голямата си купа, тъй като ще смесите всички съставки в същата купа, която ще използвате за разбиване на сметаната.

b) Разделете жълтъка и белтъка. Направете твърд меренг от белтъка и половината захар. Смесете другата половина захар с жълтъка и разбъркайте до побеляване.

c) Разбийте сметаната до леко меки връхчета. Добавете кокосовото мляко и разбъркайте леко.

d) Или нарежете ананаса на ситно, или го намачкайте с блендер на леко груба паста.

e) На този етап подготовката е завършена. Няма нужда да бъдете твърде точни. Смесете всичко в купа с тежка сметана и кокосово мляко. Също така добавете меренга и разбъркайте добре.

f) Изсипете в кутия Tupperware и замразете, докато свърши. Не е нужно да го разбърквате наполовина.

g) Ако накълцате ананаса на гладка паста, резултатът ще бъде по-копринен и ще прилича повече на автентичен сладолед.

h) След като загребвате сладоледа в чинии за сервиране, опитайте да полеете с мъничка струйка ром. Има страхотен вкус, точно като коктейл от пиня колада.

СЪСТАВ:

- ½ чаша дехидратиран ананас
- 20 г черен (70%) шоколад
- 100 г готов меренг
- 1 ¼ чаши тежка сметана
- 2-4 супени лъжици кокосов ром Malibu
- Прясна мента или препечен настърган кокос, за гарнитура

ИНСТРУКЦИИ:

a) Постелете форма за хляб с размери 13 x 23 см с найлоново фолио. Уверете се, че сте оставили няколко см пластмаса да надвисва отстрани.

b) Нарежете ананаса така, че нито едно парче да не е по-голямо от стафида. Направете същото и с шоколада.

c) Натрошете меренга на трохи. Опитайте се да направите това бързо, защото меренгът ще поеме влага от въздуха и ще стане лепкав.

d) В голяма купа за смесване разбийте тежката сметана до меки върхове. Добавете Malibu, след това разбийте отново за няколко секунди, докато меките върхове се върнат.

e) Добавете ананаса и шоколада в купата и внимателно ги разбъркайте в крема. Добавете меренга и внимателно прегънете отново. Изсипете всичко във формата за хляб и го ударете леко в плота, така че съдържанието да се утаи и разпредели. Сгънете надвисналата пластмаса върху горната част на тортата, след което увийте формата в друг слой пластмасова обвивка. Сложете тортата във фризера за една нощ.

f) За да сервирате, използвайте надвисналата пластмаса, за да издърпате тортата от формата. Нарежете и отгоре поставете стръкчета мента или още по-добре поръсете с препечен настърган кокос. Това е мека сметанова торта, така че я изяжте веднага.

81.   Пиня колада чийзкейк без печене

СЪСТАВ:

- 1 кокосова кора
- 2 плика от неовкусен желатин
- захар
- 6 унции сок от ананас
- 3 яйца, отделени
- Три опаковки от 8 унции омекотено крема сирене
- $\frac{1}{4}$ чаша тъмен ямайски ром
- $\frac{1}{4}$ чаена лъжичка екстракт от кокос
- 20-унция кутия натрошен ананас
- 1 супена лъжица царевично нишесте

ИНСТРУКЦИИ:

a) Смесете желатина и $\frac{1}{2}$ чаша захар в тенджера. Добавете сока от ананас. Стойте така 1 минута. Загрейте на ниска температура, докато желатинът се разтвори, около 5 минути. Свалете от огъня.

b) Добавете жълтъците, като един по един разбиете добре след всеки. Охладете леко. Разбийте крема сиренето до пухкава смес.

c) Смесете в желатинова смес с ром и екстракт от кокос.

d) Охладете бързо, като поставите сместа върху купа с ледена вода; разбърква се до леко сгъстяване.

e) Разбийте белтъците на пяна.

f) Постепенно добавете $\frac{1}{4}$ чаша захар, докато се образуват твърди върхове. Сгънете в желатин. Обърнете в готова кора. Приберете в хладилник за една нощ.

g) В тенджера смесете неотцеден ананас с 2 супени лъжици захар и царевично нишесте. Гответе, като разбърквате, докато заври и се сгъсти. Готино. Сложете върху чийзкейка.

СЪСТАВ:

ЗА ПАНАКОТАТА

- 400 г крем фреш
- 150 мл кокосово мляко
- 100 г захар
- 3 листа неовкусен желатин

ЗА САЛСАТА С АНАНАС

- 1 узрял ананас
- 50 г захар
- 30 мл ром Малибу
- 25 г препечени кокосови стърготини
- 1 лайм
- 1 супена лъжица листа от мента

ИНСТРУКЦИИ:

ЗА ПАНАКОТАТА

a) Желатинът се поставя в купа със студена вода и се оставя за 5-10 минути да омекне.

b) Листа желатин се потапят в купа с вода

c) Междувременно в средна тенджера смесете крем фреша, кокосовото мляко и захарта и ги оставете да заври на среден огън.

d) Крем фреш, кокосово мляко и захар в тенджера с бъркалка в нея

e) Свалете от котлона и разбъркайте с отцедения желатин. Разбийте добре, за да сте сигурни, че желатинът се е разтворил напълно. Прецедете през фина цедка.

f) Отцеденият желатин се добавя към топлата смес от панакота

g) Изсипете сместа в 4 отделни чаши за сервиране и поставете в хладилника за поне 2 часа.

h) Сместа от панакота се налива в десертни чаши, за да стегне

ЗА САЛСАТА С АНАНАС

i) Обелете ананаса и го нарежете на равни кубчета.

j) Нарежете и нарежете на кубчета обеления ананас

k) В голям тиган добавете ананасите, захарта и рома и оставете да заври на среден огън. Гответе 2 минути и оставете настрана в купа.

l) Захарта се добавя към нарязания на кубчета ананас в тиган на огън

m) Настържете кората на 1 лайм върху ананасите и разбъркайте добре. Оставете да се охлади на стайна температура и завършете с джоджен, нарязан на фини ивици.

n) Настъргване на кора от лайм върху сварени кубчета ананас

o) След като панакотата стегне, добавете ананасовата салса отгоре

p) Добавяне на ананас на върха на панакота в десертна чаша

q) Украсете с препечените кокосови стърготини и листенца мента за завършек.

83.   <u>Пиня колада глупак</u>

СЪСТАВ:

- 1 чаша отцеден неподсладен натрошен ананас
- $1\frac{1}{2}$ чаши сметана за разбиване
- $\frac{1}{2}$ чаша подсладен настърган кокос
- 1 супена лъжица кокосов ликьор или ром (по желание)
- стръкчета мента (опция)

ИНСТРУКЦИИ:

a) В блендер или кухненски робот пюрирайте половината ананас; добавете към останалия ананас. В отделна купа разбийте сметаната; сгънете в ананас, кокос и кокосов ликьор (ако използвате).

b) Разделете между 6 чаши с дълга дръжка. Охладете за 1 час. Гарнирайте с мента (ако използвате).

СМУТИТА И КОКТЕЙЛИ

Зелено смути Piña Colada

СЪСТАВ:

- 2 чаши листа спанак
- 1 чаша пресен ананас, нарязан
- 1 чаша боровинки
- 1 супена лъжица смляно ленено семе
- 1 чаша (240 ml) кокосова вода
- ½ чаша вода

ИНСТРУКЦИИ:

a) Добавете всички съставки с изключение на пречистената вода в блендер.

b) Добавете вода на вкус. Обработете до гладкост.

Пиня Колада Кефир

СЪСТАВ:

- 1 чаша млечен кефир.
- ½ чаша кокосова сметана.
- ½ чаша сок от ананас.
- Блендер.

ИНСТРУКЦИИ:

a) Поставете млечния кефир, кокосовата сметана и сока от ананас в блендера.

b) Смесете ги.

c) Сервирайте. Можете да смесите лед в кефира, ако искате да стане като смути.

<u>Смути със зелена колада</u>

СЪСТАВ:

- 1 чаша замразен нарязан ананас
- 3 супени лъжици суров, неподсладен, настърган кокос
- 1 супена лъжица пресен сок от лайм
- 1 шепа листа бейби спанак
- 3 фурми без костилки (накиснати и меки)
- 1 чаша вода
- 4 до 5 кубчета лед

ИНСТРУКЦИИ:

a) Поставете всички съставки с изключение на сладоледа в блендер и обработете, докато стане гладка и кремообразна. Добавете леда и обработете отново.

b) Пийте ледено студено.

Шейк Пиня Колада

СЪСТАВ:

- 1 замразен банан, обелен и нарязан
- ½ чаша пресен ананас, нарязан
- 1 чаша кокосово мляко
- 2 лъжички ванилов протеин на прах
- 1 супена лъжица настърган, неподсладен кокос

ИНСТРУКЦИИ:

a) Блендирайте до гладка смес.

b) Опитайте и коригирайте лед или съставки, ако е необходимо.

СЪСТАВ:

- 8 бисквитки макарони
- $\frac{1}{2}$ чаша Kahlua
- 1 литър ванилов сладолед
- 8 супени лъжици ром
- 20 унции натрошен ананас, в сок; добре дренирана
- $\frac{1}{4}$ чаша настърган кокос; препечени

ИНСТРУКЦИИ:

a) Във всяка от 4 чаши за парфе или чаши за вино от 12 унции натрошете по 1 бисквитка.

b) Поръсете всеки с 1 супена лъжица Kahlua. Отгоре сложете по $\frac{1}{4}$ чаша сладолед във всяка чаша, след това поставете слой ананас върху сладоледа и поръсете с 1 чаена лъжичка ром.

c) Повторете слоевете, като използвате останалите съставки, като завършите със сладолед и поръсите с препечен кокос отгоре.

d) Сервирайте веднага.

СЪСТАВ:

- 1 прясна стръкче мента или босилек
- 1 мандарина, обелена
- ½ манго, обелено и нарязано на кубчета
- Филтрирана вода

ИНСТРУКЦИИ:

a) Поставете ментата, мандарината и мангото в стъклена стомна.

b) Напълнете го с филтрирана вода.

c) Престоява 2 часа в хладилник.

d) Изсипете в чаши за сервиране.

СЪСТАВ:

- 1 плод киви, обелен и нарязан
- 1 стрък ванилия, разцепен по дължина
- ½ манго, нарязано на кубчета

ИНСТРУКЦИИ:

a) Поставете мангото, кивито и зърната ванилия в стомна от 64 унции.

b) Поставете във филтрирана вода или кокосова вода.

c) Охладете преди сервиране.

91. <u>Тропически студен чай</u>

СЪСТАВ:

- 1 чаша пресен портокалов сок
- 1 чаша ананас
- $\frac{1}{2}$ чаша сироп от агаве
- 12 чаши вряща вода
- 12 пакетчета чай
- 3 чаши лимонова сода

ИНСТРУКЦИИ:

a) Поставете вряща вода и пакетчета чай в чайник;

b) Оставете го да се накисва.

c) Поставете в хладилника, докато се охлади.

d) Поставете сока от ананас и портокал във вашия блендер.

e) Пасирайте, докато сместа стане еднородна и гладка.

f) Поставете пюрето от ананас в каната.

g) смесете със сироп от агаве и лимонова сода.

h) Разбъркайте и сервирайте охладено.

СЪСТАВ:

- 2 чаши плътно опаковани листа спанак
- 1 чаша замразени парчета ананас
- 1 чаша замразени парчета манго
- 1 малка мандарина, обелена и без костилки, или сок от 1 лайм
- 1 чаша кокосова вода
- $\frac{1}{4}$ чаена лъжичка лют червен пипер (по избор)

ИНСТРУКЦИИ:

а) Комбинирайте всички съставки в блендер и пасирайте на висока степен до гладка смес.

b) Насладете се на студено.

3. <u>Смути от тропическа мандарина</u>

СЪСТАВ:

- 2 мандарини обелени и нарязани на сегменти
- $\frac{1}{2}$ чаша ананас
- 1 замразен банан

ИНСТРУКЦИИ:

a) Смесете с $\frac{1}{2}$ до 1 чаша течност.
b) Наслади се

Тропикала

СЪСТАВ:

- ½ чаша ананас
- ½ среден пъп обелен портокал
- 10 бадема
- ¼ чаша кокосово мляко
- Един ¼-инчов резен пресен джинджифил
- 1 супена лъжица пресен лимонов сок
- ¼ чаена лъжичка смляна куркума или един ¼-инчов резен пресен
- 4 кубчета лед

ИНСТРУКЦИИ:

а) Комбинирайте всички съставки в блендер и пюрирайте до гладкост.

Ягодово дайкири

СЪСТАВ:

- 2 унции ром
- 1-унция сок от лайм
- 1-унция прост сироп
- 4-5 пресни ягоди
- Ледени кубчета
- Ягода за гарнитура

ИНСТРУКЦИИ:

a) В блендер смесете ром, сок от лайм, обикновен сироп, пресни ягоди и кубчета лед.

b) Блендирайте, докато стане гладка и кремообразна.

c) Изсипете сместа в чаша.

d) Гарнирайте с ягода.

e) Сервирайте и се насладете!

Тропическа Маргарита

СЪСТАВ:

- 2 унции текила
- 1-унция сок от лайм
- 1 унция портокалов сок
- 1 унция сок от ананас
- ½ унция обикновен сироп
- Резенче лайм и сол за римване (по избор)

ИНСТРУКЦИИ:

a) Ако желаете, поставете чашата със сол, като натъркате резенче лайм около ръба и го потопите в солта.

b) Напълнете шейкър с кубчета лед.

c) Добавете текила, сок от лайм, портокалов сок, сок от ананас и обикновен сироп към шейкъра.

d) Разклатете добре.

e) Прецедете сместа в подготвената чаша, пълна с лед.

f) Гарнирайте с резенче лайм.

g) Сервирайте и се насладете!

Blue Hawaiian Mocktail

СЪСТАВ:

- 2 унции син сироп от кюрасо
- 2 унции сок от ананас
- 1 унция кокосова сметана
- Резенче ананас и череша за гарнитура

ИНСТРУКЦИИ:

a) Напълнете шейкър с кубчета лед.

b) Добавете сироп от син кюрасао, сок от ананас и кокосов крем към шейкъра.

c) Разклатете добре.

d) Прецедете сместа в чаша, пълна с лед.

e) Гарнирайте с резен ананас и череша.

f) Сервирайте и се насладете на тази жизнена безалкохолна тропическа напитка!

Манго Мохито Mocktail

СЪСТАВ:

- 1 зряло манго, обелено и нарязано на кубчета
- 1-унция сок от лайм
- 1-унция прост сироп
- 6-8 пресни листа от мента
- Газирана вода
- Резен манго и стръкче мента за гарнитура

ИНСТРУКЦИИ:

a) В чаша разбъркайте кубчетата манго със сок от лайм и обикновен сироп.

b) Добавете кубчета лед и накъсани листа мента.

c) Отгоре се залива с газирана вода.

d) Разбъркайте леко.

e) Гарнирайте с резен манго и стръкче мента.

f) Сервирайте и се насладете на този освежаващ коктейл!

СЪСТАВ:

- 1 чаша кокосова вода
- $\frac{1}{4}$ чаша сок от лайм
- 2 супени лъжици обикновен сироп
- Резенчета лайм и листенца мента за украса

ИНСТРУКЦИИ:

a) В кана комбинирайте кокосова вода, сок от лайм и обикновен сироп.

b) Разбъркайте добре, за да се смесят.

c) Добавете кубчета лед към чашите за сервиране.

d) Изсипете кокосовата лимеада върху леда във всяка чаша.

e) Гарнирайте с резени лайм и листа мента.

f) Разбъркайте внимателно преди сервиране.

g) Насладете се на освежаващите и пикантни вкусове на този тропически лимонов коктейл!

Тропическа сангрия

СЪСТАВ:

- 1 бутилка бяло вино
- 1 чаша сок от ананас
- ½ чаша портокалов сок
- ¼ чаша ром
- 2 супени лъжици обикновен сироп
- Асорти от тропически плодове
- Клубна сода (по избор)
- Листенца мента за украса

ИНСТРУКЦИИ:

a) В голяма кана смесете бяло вино, сок от ананас, портокалов сок, ром и обикновен сироп.

b) Разбъркайте добре, за да се смесят.

c) Добавете нарязаните тропически плодове в каната.

d) Охладете за поне 1 час, за да позволите на вкусовете да се смесят.

e) За да сервирате, изсипете тропическата сангрия в чаши, пълни с лед.

f) Ако желаете, отгоре поръсете със сода за газиране.

g) Гарнирайте с листенца мента.

h) Отпийте и се насладете на плодовата и освежаваща тропическа сангрия!

ЗАКЛЮЧЕНИЕ

Надяваме се, че сте харесали тази колекция от рецепти, вдъхновени от Пиня колада. Независимо дали забавлявате гости или просто се лекувате, тези рецепти със сигурност ще ви пренесат в тропически рай. Не забравяйте да се забавлявате и да експериментирате с различни съставки , за да направите тези рецепти свои.

Надяваме се също, че сте научили нещо ново за историята и съставките на коктейла Пиня колада. С тези знания можете да впечатлите приятелите си с вашите миксологични умения и да създадете уникални обрати на тази класическа напитка.

Благодарим ви, че избрахте „Тропическо блаженство: колекция от рецепти, вдъхновени от Пиня Колада". Желаем ви много щастливи и вкусни приключения в кухнята!

Milton Keynes UK
Ingram Content Group UK Ltd.
UKHW020749210823
427162UK00013B/273